O MITO DA CAVERNA

PLATÃO

O MITO DA CAVERNA

EDIÇÃO BILÍNGUE
PORTUGUÊS-GREGO

Tradução
Alexandre Pires Vieira

Veríssimo

TÍTULO ORIGINAL: ΠΟΛΙΤΕΙΑ (ΒΙΒΛΙΟ Ζ')

Diretor editorial **PEDRO ALMEIDA**
Coordenação editorial **RENATA ALVES**
Editora-assistente **LETÍCIA CANEVER**
Tradução **ALEXANDRE PIRES VIEIRA**
Revisão **CRIS NEGRÃO**
Capa e diagramação **OSMANE GARCIA FILHO**
Imagens de capa e miolo **ESTÚDIO FARO**

Dados Internacionais de Catalogação na Publicação (CIP)
Jéssica de Oliveira Molinari CRB-8/9852

Platão
O mito da caverna / Platão ; tradução de Alexandre Pires Vieira. — São Paulo : Faro Editorial, 2025.
96 p.

ISBN 978-65-5957-825-2
Título original: Πολιτεία (Βιβλίο Ζ')

1. Filosofia antiga I. Título II. Vieira, Alexandre Pires

25-1479 CDD 184

Índice para catálogo sistemático:
1. Filosofia antiga

FARO EDITORIAL

1ª edição brasileira: 2025
Direitos de edição em língua portuguesa, para o Brasil, adquiridos por FARO EDITORIAL

Avenida Andrômeda, 885 — Sala 310
Alphaville — Barueri — SP — Brasil
CEP: 06473-000
www.faroeditorial.com.br

SUMÁRIO

SOBRE O AUTOR

Platão foi um filósofo e matemático do período clássico da Grécia Antiga, autor de diversos diálogos filosóficos e fundador da Academia em Atenas, a primeira instituição de educação superior do mundo ocidental. Ele é considerado a figura central na história do grego antigo e da filosofia ocidental, juntamente com seu mentor, **Sócrates**, e, seu pupilo, **Aristóteles**.

Platão ajudou a construir os alicerces da filosofia natural, da ciência e da filosofia ocidental, e tem sido frequentemente citado como um dos fundadores da religião ocidental, da ciência e da espiritualidade. O assim chamado neoplatonismo de filósofos como Plotino e Porfírio influenciou Santo Agostinho e, portanto, o cristianismo, bem como as filosofias árabe e judaica.

Platão era um racionalista, realista, idealista e dualista e a ele têm sido associadas muitas das ideias que inspiraram essas filosofias mais tarde. Foi o inovador do diálogo escrito e das formas dialéticas da filosofia. Também parece ter sido o fundador da filosofia política ocidental. Sua mais famosa contribuição leva seu nome, platonismo (também ambiguamente chamado de realismo platônico ou idealismo platônico), a doutrina das Formas conhecidas pela razão pura para fornecer uma solução realista para o problema dos universais. Ele também é o epônimo do amor platônico e dos sólidos platônicos. Alguns já alegaram que seu nome verdadeiro tenha sido Aristóteles.

Acredita-se que suas influências filosóficas mais decisivas tenham sido da mesma linha de Sócrates, do pré-socrático Pitágoras, Heráclito e Parmênides, embora poucas obras de seus antecessores permaneçam íntegras e muito do que sabemos sobre essas figuras hoje derive do próprio Platão. Ao contrário do trabalho de quase todos os seus contemporâneos, acredita-se que o corpo inteiro de trabalho de Platão tenha sobrevivido intacto por mais de 2400 anos. Embora sua popularidade tenha oscilado ao longo dos anos, os trabalhos de Platão nunca ficaram sem leitores desde a época em que foram escritos.

INTRODUÇÃO

O Mito da Caverna é um dos textos filosóficos mais lidos de todos os tempos, extraído do clássico de Platão *A República*, e narra um diálogo entre o Glauco, irmão de Platão, e Sócrates, seu mentor, sendo um permanente convite à reflexão.

O Mito da Caverna é uma poderosa metáfora que explora a natureza do conhecimento, da realidade e da jornada filosófica em direção à iluminação. É uma das passagens mais conhecidas e influentes da história da filosofia. Nesse texto, Platão descreve um grupo de prisioneiros acorrentados em uma caverna desde o nascimento, com seus rostos voltados para a parede do fundo. Eles nunca viram o mundo exterior e acreditam que as sombras projetadas na parede pelas figuras que passam são a única realidade.

Na Caverna de Platão, os prisioneiros são dispostos em fila em uma caverna escura desde a infância. Eles estão acorrentados de forma que não podem mover seus corpos, e suas cabeças também estão presas de forma que só podem olhar para frente, em direção a uma parede. Eles podem ouvir e falar, mas não podem ver uns aos outros nem a si mesmos. Atrás deles há uma fogueira. A luz do fogo mostra as sombras dos prisioneiros na parede. Entre eles e a fogueira, há pessoas e animais encenando uma peça realista que também projeta sombras na parede. Os prisioneiros veem apenas as sombras, mas ouvem todos os sons. Naturalmente, eles acham que o mundo é composto de sombras na parede e que eles próprios são sombras na parede. Elas conversam entre si e interagem, e tudo faz sentido para os prisioneiros, que pensam que todas as imagens na parede são como eles próprios. Os prisioneiros até se conhecem por meio das sombras que veem e das vozes que ouvem e ganham status por sua capacidade de reconhecer outras sombras e prever o que elas farão.

Agora imagine que um dos prisioneiros seja libertado. Seus grilhões caem no chão e ele pode virar a cabeça. Ele vê os outros prisioneiros sentados em uma fileira, acorrentados ao chão, e fica horrorizado. Ele também vê os atores e os animais entre os prisioneiros e o fogo. Vê a abertura da caverna e se aventura a sair. Fica cego com a luz, mas finalmente vê o quadro geral: durante toda a sua vida, esteve sentado em uma caverna, acorrentado ao chão, acreditando que a parede era tudo. Agora ele percebia que a cena na parede é guiada principalmente por alguns atores, com os prisioneiros fazendo comentários. Agora ele vê as oportunidades no mundo real.

Ele se sente no dever de voltar e informar os prisioneiros sobre a situação e tentar libertá-los. Primeiro, tenta explicar a existência dos mestres de marionetes, mas é improvável que os mestres corroborem sua história, pois eles obtêm muitos benefícios pessoais com o modo atual do mundo. Em seguida, ele tenta explicar como o sistema é organizado com os prisioneiros e a caverna. Tragicamente, descobre que os prisioneiros são mais resistentes do que ele esperava. A maioria não acredita nele – por que deveriam acreditar? Tendo se adaptado à luz externa, ele não consegue ver as sombras tão claramente quanto os outros. "Que idiota." Tirar as correntes exige muito esforço, então a maioria deles permanece sentada. Essas são pessoas muito boas e bem-sucedidas em identificar, nomear e lidar com as sombras, por isso talvez não queiram sair. Há também aqueles que sentem a necessidade de sair. Sair não é fácil; requer muito aprendizado e uma reorientação dos valores de uma pessoa, que deixa de considerar o sucesso como a identificação de sombras e passa a considerar o sucesso como a movimentação no mundo real. Na vida real, os prisioneiros da Caverna de Platão são aqueles aprisionados ou escravos de seus salários e de sua cultura.

Os espectadores de filmes modernos irão perceber a mesma premissa no filme "The Matrix", que retrata ideia semelhante. Outra analogia moderna seriam pessoas que creem na mídia e tomam aquilo que veem na TV ou leem nos jornais como a verdade e não como sombras projetadas. Aquele que se rebela contra esse engano e tenta avisar o próximo também é agredido, chamado de negacionista ou conspiracionista.

O mito da caverna simboliza a jornada do homem em busca da verdade e do conhecimento. Os prisioneiros representam a condição humana de

ignorância e ilusão, presos em uma realidade superficial e enganosa. O prisioneiro que é libertado e se eleva acima da caverna representa o sábio/filósofo que busca a verdade além das aparências e das convenções sociais.

Essa alegoria destaca a importância do questionamento, da reflexão crítica e da busca por conhecimento para alcançar uma compreensão mais profunda da realidade. Ela nos convida a questionar nossas percepções e crenças, e a nos libertarmos das limitações impostas pela sociedade e pela ignorância, em busca de uma verdade mais essencial e significativa. O *Mito da Caverna* de Platão continua a ser uma metáfora poderosa e relevante, nos lembrando da importância do pensamento crítico, da busca da sabedoria e da expansão do nosso entendimento do mundo ao nosso redor.

Não aceite as correntes; saia da caverna.

ALEXANDRE PIRES VIEIRA
Valinhos, inverno de 2023

O MITO DA CAVERNA

LIVRO VII DE *A REPÚBLICA*

SÓCRATES – E AGORA deixe-me mostrar em uma alegoria até onde nossa natureza é instruída ou ignorante. Contemple pessoas vivendo em uma caverna subterrânea, que tem uma abertura para a luz; lá estiveram desde a infância com suas pernas e pescoços acorrentados para que não pudessem se mover, e só ver diante delas, sendo impedidas pelas correntes de girar a cabeça. Acima e atrás delas, uma fogueira está ardendo à distância e, entre a fogueira e os prisioneiros, há um caminho elevado; e você verá, se olhar, uma parede baixa construída ao longo do caminho, como o biombo que os marionetistas têm à sua frente, à frente do qual eles mostram os bonecos.

GLAUCO – Estou vendo.

SÓCRATES – E você vê homens passando ao longo do muro carregando todo tipo de vasos, estátuas e figuras de animais feitos de madeira e pedra e vários materiais, que aparecem sobre o muro. Alguns deles estão falando, outros silenciosos.

GLAUCO – Você me mostrou uma imagem estranha, e eles são prisioneiros estranhos.

SÓCRATES – Como nós, e eles veem apenas suas próprias sombras ou as sombras uns dos outros, que o fogo lança sobre a parede oposta da caverna.

GLAUCO – É verdade, como eles poderiam ver qualquer coisa além das sombras, se nunca lhes fosse permitido mover a cabeça?

SÓCRATES – E dos objetos que estão sendo transportados dessa maneira, eles só veriam as sombras?

GLAUCO – Sim, por Zeus!

SÓCRATES – E se eles fossem capazes de conversar uns com os outros, eles não iriam supor que estavam nomeando o que realmente estava diante deles?

GLAUCO – Muito verdade.

SÓCRATES – E suponha ainda que a caverna tinha um eco que vinha do outro lado, será que eles não teriam a certeza de imaginar, quando um dos transeuntes falava, que a voz que eles ouviam vinha da sombra que passava?

GLAUCO – Não há dúvida.

SÓCRATES – A eles a verdade não seria literalmente nada mais do que as sombras das imagens.

GLAUCO – Isso é certo.

SÓCRATES – E agora olhe novamente, veja o que se seguirá naturalmente se os prisioneiros forem libertados e desabrigados do seu erro. No início, quando qualquer um deles for libertado e obrigado a levantar-se subitamente, e virar o pescoço, e caminhar, e olhar para a luz, sofrerá dores agudas; o clarão angustiá-lo-á, e será incapaz de ver as realidades das quais, no seu estado anterior, tinha visto as sombras; e depois conceberá alguém a dizer-lhe que, o que viu antes era uma ilusão, mas que, agora, quando se aproxima do ser e o seu olho está voltado para uma existência mais real, tem uma visão mais clara, qual será a sua resposta? E pode ainda imaginar que o seu instrutor está apontando para os objetos enquanto eles passam e pedindo-lhe que os nomeie, será que ele não ficará perplexo? Não acreditará que as sombras que viu anteriormente são mais verdadeiras do que os objetos que lhe são agora mostrados?

GLAUCO – Muito mais verdadeiro.

SÓCRATES – E se for obrigado a olhar diretamente para a luz, não terá ele uma dor nos olhos que o fará desviar-se para tomar e acolher os objetos de visão que pode ver, e que conceberá ser na realidade mais nítida do que as coisas que lhe estão agora a ser mostradas?

GLAUCO – É verdade.

SÓCRATES – E suponha, mais uma vez, que ele é relutantemente arrastado para uma subida íngreme e acidentada, e mantido firme até ser forçado à presença do próprio sol, não é provável que sofra e fique irritado? Quando se aproximar da luz, os seus olhos ficarão deslumbrados, e não poderá ver nada do que agora chama de realidade.

GLAUCO – Não o conseguirá, pelo menos de imediato.

SÓCRATES – Ele terá de se habituar à visão do mundo superior. E primeiro verá melhor as sombras, depois os reflexos dos homens e outros objetos na água, e depois os próprios objetos; depois olhará para a luz da lua e das estrelas e para o céu coberto de lantejoulas; e verá o céu e as estrelas à noite melhor do que o sol ou a luz do sol de dia?

GLAUCO – Certamente que sim.

SÓCRATES – Por último, ele poderá ver o sol, e não meros reflexos dele na água, mas o verá em seu próprio lugar, e não em outro; e ele o contemplará como é.

GLAUCO – Certamente.

SÓCRATES – Então procederá a argumentar que é ele quem dá a estação e os anos e é o guardião de tudo o que está no mundo visível, e de certa forma a causa de todas as coisas que ele e seus semelhantes estão acostumados a contemplar?

GLAUCO – Obviamente ele veria primeiro o sol e depois pensaria sobre ele.

SÓCRATES – E quando ele se recordasse de sua antiga habitação, e da sabedoria daquela caverna, e de seus companheiros de prisão, você não acha que se sentiria feliz com a mudança e teria pena deles?

GLAUCO – Certamente que sim.

SÓCRATES – E se eles tivessem o hábito de conferir honras entre si àqueles que fossem mais rápidos a observar as sombras passageiras e a comentar quais deles foram antes, e quais seguiram depois, e quais estavam juntos; e quem, portanto, era mais capaz de tirar conclusões quanto ao futuro, você acha que ele se preocuparia com tais honras e glórias ou invejaria os seus possuidores? Ele não diria com Homero: *É melhor ser o serviçal miserável de um mestre pobre** e suportar qualquer coisa, em vez de pensar como eles pensam, e viver à sua maneira?

GLAUCO – Sim, eu acho que ele preferiria sofrer qualquer coisa do que entreter essas noções falsas e viver da maneira deplorável.

SÓCRATES – Imagine mais uma vez, alguém que saísse de repente do sol para ser recolocado em sua antiga situação; não teria ele a certeza de ter seus olhos cheios de escuridão?

GLAUCO – Com certeza.

SÓCRATES – E se houvesse uma competição, e ele tivesse que competir em medir as sombras com os prisioneiros que nunca haviam saído da toca, enquanto sua visão ainda estava fraca, e antes que seus olhos se estabilizassem (e o tempo que seria necessário para adquirir este novo hábito de visão poderia ser muito considerável) ele não seria ridículo? Os homens diriam dele que ele subiu e voltou sem seus olhos; e seria melhor nem mesmo pensar em subir; e se alguém tentasse pegar outro e levá-lo até a luz, bastava que pegassem o infrator, e o matassem.

GLAUCO – Sem dúvida o matariam.

---

* Referência a *Odisseia*, XI, 489.

SÓCRATES – Agora, meu caro Glauco, é preciso aplicar, ponto por ponto, esta imagem ao que dissemos atrás e comparar o mundo que nos cerca com a vida da prisão na caverna; a prisão é o mundo da visão, a luz do fogo é o sol, e você não me interpretará mal se interpretar a viagem para cima como sendo a ascensão da alma ao mundo intelectual de acordo com minha pobre crença, que, a seu desejo, eu expressei se com razão ou sem ela.* Só Deus sabe se ela é verdadeira. Quanto a mim, a minha opinião é esta: no mundo inteligível, a ideia do bem é a última a ser compreendida, e com dificuldade, mas não se pode apreendê-la sem concluir que ela é a causa de tudo o que de correto e belo existe em todas as coisas; no mundo visível, ela engendrou a luz e o soberano da luz; no mundo inteligível, é ela que é soberana e dispensa a verdade e a inteligência; e é preciso vê-la para se comportar com sabedoria na vida particular e na vida pública.

GLAUCO – Concordo, na medida em que sou capaz de entendê-lo.

SÓCRATES – Além disso, você não deve se perguntar que aqueles que alcançam essa visão bem-aventurada não estão dispostos a descer aos assuntos humanos; pois suas almas estão sempre se apressando para o mundo superior onde desejam morar; cujo desejo é muito natural, se nossa alegoria puder ser confiável.

GLAUCO – Sim, muito natural.

SÓCRATES – E há algo surpreendente em alguém que passa das contemplações divinas ao estado perverso do homem, comportando-se de maneira ridícula; se, enquanto seus olhos cintilam e antes de acostumar-se com as trevas que o cercam, ele é obrigado a lutar nos tribunais, ou em outros lugares, sobre as imagens ou as sombras das imagens de justiça, e está se esforçando para encontrar as concepções daqueles que nunca viram justiça absoluta?

GLAUCO – Nada menos surpreendente.

SÓCRATES – Qualquer um que tenha bom senso lembrará que os distúrbios dos olhos são de dois tipos, e surgem de duas causas, tanto por sair da luz ou

* Não se sabe com exatidão a que Sócrates se refere, pode ser seu *daemon* particular.

por entrar na luz, o que é verdade tanto para o olho da mente, quanto para o olho do corpo; e aquele que se lembra disso quando vê alguém cuja visão é perturbada e fraca, não estará pronto a rir; primeiro perguntará se aquela alma do homem saiu da luz mais brilhante, e não é capaz de ver porque não está acostumada à escuridão, ou porque, tendo passado das trevas para o dia, está deslumbrada pelo excesso de luz. E ele se considerará feliz em sua condição e estado de ser, e terá pena do outro; ou, se ele tiver a disposição de rir da alma que vem de baixo para a luz, haverá mais razão nisso do que no riso que saúda aquele que volta de cima para o escuro dentro da caverna.

GLAUCO – Isso, é uma distinção muito justa.

SÓCRATES – Mas então, se eu estiver correto, certos filósofos devem estar errados quando dizem que podem colocar um conhecimento na alma que não a tem, como a visão em olhos cegos.

GLAUCO – Sem dúvida, eles dizem isso.

SÓCRATES – Enquanto nosso argumento mostra que o poder e a capacidade de aprender já existem na alma; e que, assim como o olho é incapaz de passar da escuridão para a luz sem o corpo inteiro, assim também o instrumento do conhecimento só pode ser transformado pelo movimento de toda a alma de se transformar no mundo do ser, e aprender aos poucos a suportar a visão do ser, e do mais brilhante e melhor do ser, ou em outras palavras, do bem.

GLAUCO – Muito verdadeiro.

SÓCRATES – E não deve haver alguma arte que efetue conversão da maneira mais fácil e rápida; não implantando a faculdade da visão, pois essa já existe, mas está voltada na direção errada, e está a desviar o olhar da verdade?

GLAUCO – Sim, tal arte pode ser assumida.

SÓCRATES – E enquanto as outras chamadas virtudes da alma parecem ser semelhantes às qualidades corporais, pois mesmo quando não são originalmente inatas, elas podem ser implantadas posteriormente por hábito e exercício, a virtude da sabedoria, mais do que qualquer outra coisa, contém um

elemento divino que sempre permanece, e por essa conversão se torna útil e proveitosa; ou, por outro lado, inútil e prejudicial. Você nunca observou a estreita inteligência piscando do olhar aguçado de um espertalhão – como ele é ansioso, como sua alma mesquinha vê claramente o caminho para o seu fim; ele é o oposto de cego, mas sua visão aguçada é colocada a serviço do mal, e ele é malicioso na proporção de sua esperteza.*

GLAUCO – É o que se afigura.

SÓCRATES – Mas e se tivesse havido uma poda de tais naturezas nos dias de sua juventude;** e eles tivessem sido separados daqueles prazeres sensuais, tais como comer e beber, que, tais como pesos de chumbo, estavam presos a eles ao nascer e que os arrastam para baixo e voltam a visão de suas almas para as coisas que estão abaixo – se, digo eu, eles tivessem sido liberados desses impedimentos e colocados na direção oposta, a mesma faculdade neles teria visto a verdade tão agudamente quanto eles veem para o que seus olhos estão voltados agora.***

GLAUCO – Muito provavelmente.

SÓCRATES – Sim, e há outra coisa que é provável, ou melhor, uma inferência necessária do que antecedeu, que nem os incultos e desinformados da verdade, nem ainda aqueles que nunca terminam sua educação, serão ministros de Estado capazes; os primeiros, porque não têm um único objetivo de dever que é a regra de todas as suas ações, tanto privadas quanto públicas; os segundos, porque não agirão de modo algum, exceto sob coação, imaginando que já estão morando nas ilhas dos bem-aventurados.

GLAUCO – Muito verdadeiro.

---

* A visão das almas pequenas.

** A geração que desencadeia o processo de mudança (devir) ao qual estão submetidos todos os seres: nascimento, desenvolvimento, decadência e morte.

*** As Formas perfeitas, eternas e imutáveis do mundo inteligível. O mundo visível dos sentidos é feito de objetos ilusórios e falsos, meros simulacros das Formas perfeitas. Assim, o mundo que percebemos por meio dos sentidos é ilusão, o real sendo o que o transcende. E dessa forma os prazeres dos sentidos mantêm os seres humanos presos ao irreal.

SÓCRATES – Então, o nosso trabalho, que somos os fundadores do Estado, será compelir as mentes mais brilhantes a alcançar aquele conhecimento que já mostramos ser o maior de todos – eles devem continuar a ascender até chegarem ao bem; mas, quando tiverem ascendido e visto o suficiente, não devemos permitir que façam como fazem agora.

GLAUCO – O que você quer dizer?

SÓCRATES – Quero dizer que eles permaneçam no mundo superior: isso não deve ser permitido; eles devem ser obrigados a descer novamente entre os prisioneiros na caverna e participar de seus trabalhos e honras, quer sejam dignos ou não.

GLAUCO – Mas isso não é injusto? Devemos dar-lhes uma vida pior quando poderiam ter uma melhor?

SÓCRATES – Você esqueceu novamente, meu amigo, a intenção do legislador, que não tinha como objetivo tornar uma classe no Estado mais feliz do que o resto; a felicidade estava no Estado como um todo, e ele manteve os cidadãos juntos por persuasão e necessidade, tornando-os benfeitores do Estado e, portanto, benfeitores uns dos outros; para esse fim, ele os criou, não para agradar a si mesmos, mas para serem seus instrumentos na união do Estado.

GLAUCO – Verdade, eu tinha esquecido.

SÓCRATES – Observe, Glauco, que não haverá injustiça em obrigar nossos filósofos a cuidar e providenciar para os outros; vamos explicar-lhes que, em outros Estados, homens de sua classe não são obrigados a compartilhar dos trabalhos da política: e isso é razoável, pois eles crescem a seu bel-prazer, e o governo preferiria não tê-los. Sendo autodidatas, não se pode esperar que mostrem qualquer gratidão por uma cultura que nunca receberam. Mas trouxemos vocês para o mundo para serem governantes da colmeia, reis de si mesmos e dos outros cidadãos, e os educamos muito melhor e mais perfeitamente do que eles foram educados, e vocês estão mais aptos a compartilhar da dupla responsabilidade. Portanto, cada um de vocês, quando chegar a sua vez, deve descer ao abrigo subterrâneo e adquirir o hábito de ver no escuro. Quando você adquirir o hábito, verá dez mil vezes melhor do que os habitantes da caverna, e saberá o que as várias imagens são e o que representam, porque você viu o belo e o justo e o bem em sua verdade. E assim o nosso Estado, que também é seu, será uma realidade, e não apenas um sonho, e será administrado em um espírito diferente daquele de outros Estados, nos quais os homens lutam entre si apenas por sombras e são distraídos na luta pelo poder, que aos olhos deles é um grande bem. Enquanto a verdade é que o Estado no qual os governantes são mais relutantes em governar é sempre o melhor e mais tranquilamente governado, e o Estado no qual eles são mais ávidos, o pior.

GLAUCO – Muito verdadeiro.

SÓCRATES – E nossos alunos, quando ouvirem isso, recusarão a sua vez nos trabalhos do Estado, quando lhes for permitido passar a maior parte do seu tempo uns com os outros na luz celestial?

GLAUCO – Impossível, pois são homens justos, e os comandos que impomos a eles são justos; não pode haver dúvida de que cada um deles assumirá o cargo como uma necessidade severa, e não à moda dos nossos atuais governantes do Estado.

SÓCRATES – Sim, meu amigo, e aí está o ponto. Você deve projetar para seus futuros governantes uma vida diferente e melhor do que a de um governante, e então você pode ter um Estado bem ordenado; pois somente no Estado que oferece isso, governarão aqueles que são verdadeiramente ricos, não em prata e ouro, mas em virtude e sabedoria, que são as verdadeiras bênçãos da vida. Enquanto se eles forem para a administração dos assuntos públicos, pobres e famintos pelo seu próprio interesse privado, pensando que daqui tirarão o bem maior, a ordem nunca poderá existir; pois eles estarão lutando pelo cargo, e as brigas civis e domésticas que assim surgem serão a ruína dos próprios governantes e de todo o Estado.

GLAUCO – Muito verdadeiro.

SÓCRATES – Conhece outra condição, além da do verdadeiro filósofo, para inspirar o desprezo pelos cargos públicos?

GLAUCO – Não, por Zeus!

SÓCRATES – E aqueles que governam não devem ser amantes da tarefa? Pois, se o são, haverá amantes rivais, e eles lutarão.

GLAUCO – Sem dúvida.

SÓCRATES – Então, quem são aqueles que vamos compelir a serem guardiões? Certamente serão homens, que são mais sábios em assuntos de Estado, e por quem o Estado é mais bem administrado, e que ao mesmo tempo têm outras honras e uma vida melhor e diferente da política?

GLAUCO – São esses homens, e eu os escolherei.*

SÓCRATES – E agora devemos considerar de que maneira tais guardiões serão produzidos e como serão trazidos das trevas para a luz – como se diz que alguns subiram do mundo inferior aos deuses?

GLAUCO – Com certeza, ele respondeu.

SÓCRATES – O processo não é virar uma concha de ostra, mas virar a alma que passa de um dia que é pouco melhor do que a noite para o verdadeiro dia do ser, ou seja, a ascensão de baixo para cima, que afirmamos ser a verdadeira filosofia?

GLAUCO – Completamente.

SÓCRATES – E não devemos perguntar que tipo de conhecimento tem o poder de efetuar tal mudança?

GLAUCO – Certamente.

SÓCRATES – Que tipo de conhecimento existe que arrasta a alma daquilo que é passageiro para aquilo que é essencial? E outra consideração acabou de ocorrer a mim: você vai se lembrar que nossos jovens devem ser atletas-guerreiros.

---

* Aquele que pretende ingressar na vida política não deve, de modo algum, estar motivado por ambições pessoais; pelo contrário, deve até desprezar a vida política. O filósofo, constrangido a governar, o fará como um serviço árduo prestado à comunidade e ao Estado. Uma utopia, inconsistente com aqueles que buscam o cargo.

GLAUCO – Sim, foi dito.

SÓCRATES – Então, este novo tipo de conhecimento deve ter uma qualidade adicional?

GLAUCO – Que qualidade?

SÓCRATES – Utilidade na guerra.

GLAUCO – Sim, se possível.

SÓCRATES – Havia duas partes em nosso antigo esquema de educação, não havia?

GLAUCO – Exatamente.

SÓCRATES – Havia ginástica que tem por objetivo cuidar do que se transforma e morre, portanto, pode ser considerada como tendo a ver com geração e corrupção?

GLAUCO - É verdade.

SÓCRATES – Então, não é esse o conhecimento que estamos procurando descobrir?

GLAUCO – Não.

SÓCRATES – Mas o que dizer da música, que também entrou, até certo ponto, em nosso esquema de educação?

GLAUCO – A música, como você se lembrará, era a contrapartida da ginástica, e treinou os guardiões pelas influências do hábito, pela harmonia tornando-os harmoniosos, pelo ritmo, mas não lhes dando ciência; e as palavras, sejam elas fabulosas ou possivelmente verdadeiras, tinham nelas elementos afins de ritmo e harmonia. Mas na música não havia nada que tendesse ao bem que se procura agora.

SÓCRATES – Você é muito preciso em sua memória; na música certamente não havia nada do gênero. Mas que ramo do conhecimento existe, meu caro Glauco, que é da natureza desejada; uma vez que todas as artes úteis foram consideradas por nós como sendo insignificantes?

GLAUCO – Sem dúvida; e ainda se a música e a ginástica são excluídas, e as artes também são excluídas, o que resta?

SÓCRATES – Bem, pode não restar nada de nossos temas especiais; e então teremos que tomar algo que não é especial, mas de aplicação universal.

GLAUCO – O que pode ser isso?

SÓCRATES – Algo que todas as artes e ciências e inteligências usam em comum, e que cada um tem que aprender primeiro entre os elementos da educação.

GLAUCO – O que é isso?

SÓCRATES – A pequena questão de distinguir um, dois e três em uma palavra, aritmética e cálculo: – Não é verdade que nenhuma arte, nenhuma ciência, pode passar sem isso?

GLAUCO – Sim.

SÓCRATES – Então a arte da guerra participa da matemática?

GLAUCO – Com certeza.

SÓCRATES – Então Palamedes,* sempre que aparece na tragédia, prova que Agamenon** é ridiculamente incapaz de ser um general. Você nunca

---

* **Palamedes** é um personagem da mitologia greco-romana. Filho de Náuplio, rei da ilha de Eubeia, e de Clímene, filha de Catreu, discípulo de Quíron, era um dos príncipes gregos que participaram da guerra de Troia. Ao participar dos preparativos da guerra de Troia, Palamedes desmascarou Ulisses, que se fingia de louco para não participar da expedição. O príncipe grego o encontrou semeando sal em um campo que arava com uma junta composta por um jumento e um touro.

** Agamemnon ou Agamenon (em grego antigo, Αγαμέμνων, "muito resoluto") foi um dos mais distintos heróis gregos, filho (ou neto) do rei Atreu de Micenas e da rainha Aerope, e irmão de Menelau. Não há registros que provem que tenha de fato existido, mas é provável que tenha sido o rei de Micenas a comandar o épico cerco dos Aqueus à cidade de Troia.

observou como ele declarou que tinha inventado o número, e tinha numerado os navios e colocado em ordem as fileiras do exército em Troia; o que implica que eles nunca tinham sido numerados antes, e Agamenon deve ter sido literalmente incapaz de contar seus próprios pés – como ele poderia se não soubesse contar? E se isso for verdade, que tipo de general deve ter sido?

GLAUCO – Eu deveria dizer um muito estranho, se isso foi como você diz.

SÓCRATES – Podemos negar que um guerreiro deva ter um conhecimento de aritmética?

GLAUCO – Certamente deveria, se ele quiser ter a mínima compreensão das táticas militares ou, eu deveria dizer, se ele quiser ser um homem de fato.

SÓCRATES – Eu gostaria de saber se você tem a mesma noção que eu tenho deste estudo?

GLAUCO – Qual é a sua noção?

SÓCRATES – Para mim, isso parece ser um estudo do tipo que estamos buscando e que naturalmente leva à reflexão, mas que nunca foi usado corretamente; pois o verdadeiro uso dele é simplesmente atrair a alma para o Ser.

GLAUCO – Você pode explicar o que quer dizer?

SÓCRATES – Vou tentar e gostaria que você compartilhasse a investigação comigo e dissesse "sim" ou "não" quando eu tentar distinguir em minha própria mente quais ramos do conhecimento têm esse poder atrativo, a fim de que tenhamos uma prova mais clara de que a aritmética é, como suspeito, um deles.

GLAUCO – Explique então.

SÓCRATES – Eu quero dizer que os objetos da sensação são de dois tipos; alguns deles não convidam ao pensamento porque o sentido é um juiz adequado para eles; enquanto no caso de outros objetos, o sentido é tão pouco confiável que se exige imperativamente uma investigação mais aprofundada.

GLAUCO – Você está claramente se referindo à maneira como os sentidos são enganados pela distância e pelo reflexo em luz e sombra.

SÓCRATES – Não, isso não é o significado.

GLAUCO – Então qual é o significado?

SÓCRATES – Ao falar de objetos desinteressantes, quero dizer aqueles que não passam de uma sensação para a oposta; objetos interessantes são aqueles que o fazem; neste último caso, o sentido que vem sobre o objeto, quer esteja próximo ou distante, não dá uma ideia mais vívida de nada em particular do que de seu oposto. Uma ilustração tornará meu significado mais claro: aqui estão três dedos – o polegar, o indicador e o médio.

GLAUCO – Muito bem.

SÓCRATES – Você pode supor que eles são vistos bem de perto: e aqui vem o ponto.

GLAUCO – Qual é?

SÓCRATES – Cada um deles aparece igualmente como um dedo, quer seja visto no meio ou na extremidade, quer branco ou preto, grosso ou fino – não faz diferença; um dedo é um dedo do mesmo jeito. Nesses casos, um homem não é compelido a perguntar ao pensamento "o que é um dedo", porque a visão nunca lhe testemunhou ao mesmo tempo que um dedo fosse algo diferente de um dedo.

GLAUCO – Verdadeiro.

SÓCRATES – E, portanto, como era de se esperar, não há nada aqui que convide ou estimule a inteligência.

GLAUCO – Não há.

SÓCRATES – Mas isso é igualmente verdade sobre a grandeza e a pequenez dos dedos? A visão pode percebê-los adequadamente? E não faz diferença a circunstância de um dos dedos estar no meio e outro na extremidade? E do mesmo modo, o tato percebe adequadamente as qualidades de espessura ou finura, ou suavidade, ou dureza? E assim dos outros sentidos; será que eles dão percepções perfeitas de tais questões? Não é seu modo de operação neste sentido – o sentido que se preocupa com a qualidade da dureza está necessariamente preocupado também com a qualidade da maciez, e só provoca na alma a impressão de que a mesma coisa é sentida como dura e suave?

GLAUCO – Você tem toda razão.

SÓCRATES – E a alma não deve ficar perplexa com essa insinuação que o sentido dá de um duro que também é suave? Qual, novamente, é o significado de leve e pesado, se o que é leve também é pesado, e o que é pesado, leve?

GLAUCO – Sim, estas mensagens que a alma recebe são muito curiosas e precisam ser explicadas.

SÓCRATES – Sim, e nestas perplexidades a alma naturalmente convoca para auxílio cálculo e inteligência, para que ela possa ver se os vários objetos anunciados a ela são um ou dois.

GLAUCO – É verdade.

SÓCRATES – E se eles forem dois, não é cada um deles um e diferente?

GLAUCO – Certamente.

SÓCRATES – E se cada um for um, e ambos forem dois, ela conceberá os dois como em estado de divisão, pois se não houvesse divisão, eles só poderiam ser concebidos como um?

GLAUCO – É verdade.

SÓCRATES – O olho certamente vê tanto a grandeza e a pequenez, mas apenas de uma maneira confusa; eles não se diferenciavam.

GLAUCO – Sim.

SÓCRATES – Enquanto a mente pensante, com a intenção de iluminar o caos, foi obrigada a reverter o processo, e olhar para a grandeza e a pequenez como separados e não confundidos.

GLAUCO – Muito verdadeiro.

SÓCRATES – Ora, não é daí que nos surge a ideia de perguntarmos a nós mesmos o que é a grandeza e a pequenez?

GLAUCO – Com toda certeza.

SÓCRATES – E assim surgiu a distinção entre o visível e o inteligível.*

GLAUCO - A mais verdadeira.

SÓCRATES – Aí está o que eu queria fazer compreender há pouco, quando dizia que certos objetos convidam a alma à reflexão, e outros não, distinguindo como aptos a convidá-la os que originam ao mesmo tempo duas sensações opostas e os que não as originam como incapazes de despertar o entendimento.

GLAUCO – Eu entendo, e concordo com você.

SÓCRATES – E a que classe pertencem a unidade e o número?

GLAUCO – Eu não sei.

SÓCRATES – Pense um pouco e verá que o que precedeu fornecerá a resposta; pois se a simples unidade pudesse ser percebida adequadamente pela visão ou por qualquer outro sentido, então, como estávamos dizendo no caso do

* O mundo inteligível corresponde à esfera do entendimento, enquanto o mundo visível está relacionado à percepção visual. O entendimento nos permite acessar a realidade e a essência do ser, enquanto a visão nos limita à percepção de coisas confusas e ilusórias. O mesmo se aplica aos outros quatro sentidos (audição, tato, paladar, olfato), que, junto com a visão, nos possibilitam a percepção do mundo sensível.

dedo, não haveria nada para atrair para o Ser; mas quando há alguma contradição presente, e um é o contrário de outro e envolve a concepção de pluralidade, então o pensamento começa a despertar dentro de nós, e a alma perplexa e querendo chegar a uma decisão pergunta: "O que é unidade absoluta?". Essa é a forma pela qual o estudo da pessoa tem um poder de atrair e converter a mente para a contemplação do verdadeiro Ser.

GLAUCO – E certamente a visão da unidade possui esse poder em altíssimo grau, pois que vemos a mesma coisa ao mesmo tempo una e múltipla até o infinito.

SÓCRATES – Sim, e esse ser verdadeiro na unidade deve ser igualmente verdadeiro para todos os números?

GLAUCO – Certamente.

SÓCRATES – E toda aritmética e cálculo estão relacionados com números?

GLAUCO – Sim.

SÓCRATES – E eles parecem conduzir a mente em direção à verdade?

GLAUCO – Sim, de uma maneira muito notável.

SÓCRATES – Então esse é um conhecimento do tipo que buscamos, tendo um duplo uso, militar e filosófico; pois o homem de guerra deve aprender a arte do número ou ele não saberá como articular suas tropas, e o filósofo também, porque ele tem que sair do mar de mudanças e se agarrar ao verdadeiro ser, e por isso ele deve ser um aritmético.

GLAUCO – Isso é verdade.

SÓCRATES – E nosso guardião é ao mesmo tempo guerreiro e filósofo?

GLAUCO – Certamente.

SÓCRATES – Então esse é um tipo de conhecimento que a lei pode prescrever adequadamente; e devemos nos esforçar para persuadir aqueles que prescrevem a ser os principais homens de nosso Estado a ir e aprender aritmética, não como amadores, mas devem continuar o estudo até que vejam a natureza dos números apenas com a mente; e nem como comerciantes ou negociantes, com o objetivo de comprar ou vender, mas por causa de seu uso militar, e da própria alma; e porque esta será a maneira mais fácil para ela passar do devir à verdade e ao ser.

GLAUCO – Isso é excelente.

SÓCRATES – Sim, e agora que falei nisso, devo acrescentar como a ciência é encantadora! E de quantas maneiras ela conduz ao nosso fim desejado, se perseguida no espírito de um filósofo, e não de um comerciante!

GLAUCO – O que você quer dizer?

SÓCRATES – Quero com isto afirmar, como estava dizendo, que a aritmética tem um efeito muito grande e elevador, obrigando a alma a raciocinar sobre o número abstrato, e rebelando-se contra a introdução de objetos visíveis ou tangíveis no argumento. Você sabe como os mestres da arte repelem e ridicularizam constantemente qualquer um que tente dividir a unidade absoluta quando está calculando, e se você dividir, multiplicam-se, tomando cuidado para que um continue um e não se perca em frações.

GLAUCO – Isso é bem verdade.

SÓCRATES – Agora, suponhamos que uma pessoa lhes diga: Ó, meus amigos, quais são esses números maravilhosos sobre os quais vocês estão raciocinando, nos quais, como dizem, existe uma unidade como vocês exigem, e cada unidade é igual, invariável, indivisível, – o que eles responderiam?

GLAUCO – Responderiam, como eu deveria conceber, que estavam falando desses números que só podem ser alcançados em pensamento.

SÓCRATES – Então você vê que este conhecimento pode ser realmente chamado de necessário, necessitando como claramente faz o uso da inteligência pura na obtenção da verdade pura?

GLAUCO – Sim; essa é uma característica marcante disso.

SÓCRATES – E você já observou ainda que aqueles que têm um talento natural para o cálculo são geralmente rápidos em qualquer outro tipo de conhecimento; e até mesmo os obtusos, se eles receberam um treinamento aritmético, embora possam não obter nenhuma outra vantagem com ele, sempre se tornam muito mais rápidos do que seriam de outra forma.

GLAUCO – Muito verdadeiro, disse ele.

SÓCRATES – E, de fato, você não encontrará facilmente uma ciência mais difícil, e não tantas tão difíceis.

GLAUCO – Não encontrará.

SÓCRATES – E, por todas estas razões, a aritmética é um tipo de conhecimento no qual as melhores naturezas devem ser treinadas, e que não deve ser abandonado.

GLAUCO – Eu concordo.

SÓCRATES – Que isso se torne então um de nossos temas de educação. Vejamos se a segunda, que se liga a ela, também nos é interessante.

GLAUCO – Você quer dizer geometria?

SÓCRATES – Exatamente.

GLAUCO – Claramente, estamos preocupados com a parte da geometria que se relaciona com a guerra; pois ao acampar, ou tomar uma posição, ou fechar ou estender as linhas de um exército, ou qualquer outra manobra militar, seja em batalha real ou em uma marcha, fará toda a diferença se um general é ou não um geômetra.

SÓCRATES – Sim, mas para isso um pouco de geometria ou de cálculo será suficiente; a questão diz respeito antes à parte maior e mais avançada da geometria – se ela tende em algum grau a tornar mais fácil a visão da noção de bem; e ali, como eu estava dizendo, todas as coisas tendem a obrigar a alma a voltar seu olhar para aquele lugar, onde está a perfeição total do ser, que ela deveria, por todos os meios, contemplar.

GLAUCO – É verdade.

SÓCRATES – Desse modo, se a geometria obriga a contemplar a essência, interessa-nos; se fica pela transformação, não nos convém.

GLAUCO – Sim, é isso que afirmamos.

SÓCRATES – No entanto, qualquer pessoa que tenha menos conhecimento da geometria não negará que tal concepção da ciência está em contradição com a linguagem comum dos geômetras.

GLAUCO – Como assim?

SÓCRATES – Eles têm em vista apenas a prática e estão sempre falando de uma maneira estreita e ridícula, de quadratura e extensão e aplicação e coisas semelhantes – eles confundem as necessidades da geometria com as da vida diária; enquanto o conhecimento é o verdadeiro objeto de toda a ciência.

GLAUCO – Certamente.

SÓCRATES – Então, não deve ser feita mais uma admissão?

GLAUCO – Que admissão?

SÓCRATES – Que o conhecimento a que a geometria visa é o conhecimento do eterno, e não de algo que pereça e seja transitório.

GLAUCO – Isso, pode ser prontamente permitido, e é verdade.

SÓCRATES – Então, meu nobre amigo, a geometria atrairá a alma para a verdade, e criará o espírito da filosofia, e elevará o que agora, infelizmente, é permitido cair.

GLAUCO – Nada será mais provável de ter tal efeito.

SÓCRATES – Então deve ser firmemente estabelecido que os habitantes de sua bela cidade* devem, por todos os meios, aprender geometria. Além disso, a ciência tem efeitos indiretos, que não são pequenos.

GLAUCO - De que tipo?

SÓCRATES – Há as vantagens militares das quais você falou; e em todos os departamentos do conhecimento, como a experiência prova, qualquer um que tenha estudado geometria é infinitamente mais célere de apreensão do que qualquer outro que não tenha estudado.

GLAUCO – Sim, de fato, há uma diferença infindável entre eles.

SÓCRATES – Então, devemos propor isso como um segundo ramo do conhecimento que nossa juventude estudará?

GLAUCO – Vamos fazer isso.

SÓCRATES – E suponha que façamos da astronomia a terceira – o que você diz?

GLAUCO – Estou fortemente inclinado a isso, a observação das estações e dos meses e anos é tão essencial para o general quanto para o fazendeiro ou marinheiro.

SÓCRATES – Eu me divirto com seu medo do mundo, o que faz com que você se proteja contra a aparência de insistir em estudos inúteis; e admito perfeitamente a dificuldade de acreditar que em cada homem há um olho da alma que, quando por outras buscas se perde e se turva, é por estes purificados e reiluminados; e é mais precioso do que dez mil olhos corporais, pois só por ele se vê a verdade. Agora há duas classes de pessoas: uma classe daqueles que concordarão com você e tomarão suas palavras como uma revelação; outra classe para a qual elas serão totalmente desprovidas de significado, e que naturalmente as considerarão como histórias inúteis, pois

* Platão está usando ironia a respeito de sua própria idealização do Estado.

não veem nenhum tipo de benefício que possa ser obtido delas. E, portanto, é melhor decidir imediatamente com qual dos dois você se propõe a argumentar. É muito provável que diga com nenhum dos dois, e que seu principal objetivo em levar adiante a discussão seja seu próprio aperfeiçoamento; ao mesmo tempo, você não ressente os outros de qualquer benefício que possam receber.

GLAUCO – Acho que prefiro continuar com o argumento principalmente em meu próprio nome.

SÓCRATES – Então, dê um passo atrás, pois erramos na ordem das ciências.

GLAUCO – Qual foi o erro?

SÓCRATES – Depois da geometria plana, passamos imediatamente para os sólidos em revolução, no lugar de tomarmos os sólidos em si mesmos; enquanto, depois da segunda dimensão, deveríamos ter seguido a terceira, que trata dos cubos e das dimensões de profundidade.*

GLAUCO – Isso é verdade, Sócrates, mas parece que ainda se sabe muito pouco sobre esses assuntos.**

SÓCRATES – Sim, e por duas razões: em primeiro lugar, nenhum governo as patrocina; isso leva a uma falta de vigor em sua busca, e elas são difíceis; em segundo lugar, os estudantes não podem aprendê-las a menos que tenham um mestre. Mas, nesse caso, é difícil encontrar um mestre e, mesmo que ele pudesse, da forma como as coisas estão agora, os alunos, que são

---

* Platão distingue entre a geometria plana e a geometria dos sólidos. A geometria plana lida com objetos de duas dimensões, como triângulos e polígonos, enquanto a geometria dos sólidos lida com objetos tridimensionais, como cubos e pirâmides. Embora a linha seja unidimensional, ela é estudada na geometria plana, que se concentra em objetos do plano euclidiano.

** A geometria dos sólidos remonta aos tempos antigos, possivelmente aos egípcios, que tinham um bom conhecimento nessa área. Platão, que morreu por volta de 347 a.C., e Euclides de Alexandria, um matemático importante que nasceu ou floresceu por volta de 300 a.C., estabeleceram os princípios da geometria plana. Portanto, é válido atribuir a Platão o conhecimento adquirido dos pitagóricos e possivelmente dos antigos egípcios sobre a geometria dos sólidos.

muito vaidosos, não lhe dariam atenção.* Isso, no entanto, seria diferente se todo o Estado se tornasse o dirigente desses estudos e os honrasse; então os discípulos iriam querer participar, e haveria uma busca contínua e séria, e descobertas seriam feitas; já que, mesmo agora, desconsiderados como são pelo mundo, e mutilados em suas proporções justas, e embora nenhum de seus adeptos possa dizer o uso deles, ainda assim esses estudos forçam seu caminho por seu charme natural, e muito provavelmente, se tivessem a ajuda do Estado, algum dia emergiriam à luz.

GLAUCO – Sim, há um charme notável neles. Mas não estou entendendo claramente a mudança na ordem. Primeiro você começou com a geometria de superfícies planas?

SÓCRATES – Sim.

GLAUCO – Em seguida, colocou a astronomia, e depois deu um passo para trás?

SÓCRATES – Sim, e eu o atrapalhei devido à minha pressa; o estado absurdo da geometria sólida, que, em ordem natural, deveria ter sido seguida, fez com que eu passasse por cima desse ramo e fosse para a astronomia ou movimento dos sólidos.**

GLAUCO – É verdade.

SÓCRATES – Então, supondo que a ciência agora omitida passaria a existir se fosse incentivada pelo Estado, passemos à astronomia, que será a quarta.

GLAUCO – A ordem correta. E agora, Sócrates, como você repreendeu a maneira vulgar com que elogiei a astronomia antes, meu elogio será feito em seu próprio espírito. Pois todos, como penso, devem ver que a astronomia obriga a alma a olhar para cima e nos leva deste mundo para outro.

---

* Afirmação feita provavelmente com base em sua própria experiência como diretor da Academia.

** Para os gregos, a astronomia faz parte da matemática, junto com a aritmética, a geometria e a harmonia (música).

SÓCRATES – Todos menos eu; para todos os outros isso pode estar claro, mas não para mim.

GLAUCO – E o que você diria então?

SÓCRATES – Eu preferiria dizer que aqueles que elevam a astronomia à filosofia me parecem fazer com que olhemos para baixo e não para cima.*

GLAUCO – O que você quer dizer com isso?

SÓCRATES – Você tem em sua mente uma concepção verdadeiramente sublime de nosso conhecimento das coisas superiores. E ouso dizer que, se uma pessoa jogasse a cabeça para trás e estudasse o teto de tramas, você ainda pensaria que a mente dela era o agente perceptivo, e não os olhos.** E é bem provável que tenha razão, e talvez eu seja um simplório, mas, em minha opinião, somente o conhecimento que é do ser e do invisível pode fazer a alma olhar para cima, e se um homem olha para os céus ou cisca no chão, buscando aprender alguma particularidade do sentido, eu negaria que ele possa aprender, pois nada disso é matéria de ciência; sua alma está olhando para baixo, não para cima, quer seu caminho para o conhecimento seja por água ou por terra, quer ele flutue ou apenas se deite de costas.***

GLAUCO – Reconheço a justiça de sua repreensão. Ainda assim, eu gostaria de saber como a astronomia pode ser aprendida de uma maneira mais conducente ao conhecimento de que estamos falando?

---

* Provável crítica a **Isócrates,** um orador e retórico ateniense. Isócrates, chamado de o Pai da Oratória, porque foi o primeiro a escrever discursos que serviam de modelo a seus discípulos. Foi ele quem implantou a Retórica no currículo escolar de Atenas, notabilizando-se como rival da Academia de Platão; valorizava conhecimentos predominantemente literários em contraposição à valorização da matemática dos platônicos.

** O verbo "***theoreo***" tem um significado amplo que abrange tanto observação e contemplação quanto exame, investigação e especulação. Além disso, na concepção de Platão, o ato de contemplar está associado ao uso da inteligência. É importante lembrar que, para Platão, as Ideias, incluindo a ideia primordial do bem e todas as outras, correspondem a formas e realidades essenciais.

*** Por meio da ironia de Sócrates, é feita uma crítica contundente à prática vulgar da astronomia e à opinião de Glauco, que limita a astronomia à mera observação dos corpos celestes.

SÓCRATES – Eu lhe direi: o céu estrelado que contemplamos é feito sobre uma base visível e, portanto, embora seja a mais bela e perfeita das coisas visíveis, deve necessariamente ser considerado muito inferior aos verdadeiros movimentos de velocidade e lentidão absolutas, que são relativos uns aos outros e trazem consigo o que está contido neles, no número verdadeiro e em cada figura verdadeira. Ora, devem ser aprendidos pela razão e pela inteligência, mas não pela visão.

GLAUCO – É verdade.

SÓCRATES – A beleza deles é como a beleza de imagens ou figuras excelentemente trabalhadas pela mão de Dédalo* ou de algum outro grande artista, que podemos ter a chance de contemplar; qualquer geômetra que os visse apreciaria o requinte de sua obra, mas nunca sonharia em pensar que neles poderia encontrar o verdadeiro número, ou o verdadeiro dobro, ou a verdade de qualquer outra proporção.

GLAUCO – Não, tal ideia seria ridícula.

SÓCRATES – E será que um verdadeiro astrônomo não tem a mesma sensação quando olha para os movimentos das estrelas? Será que ele não pensa que o céu e as coisas que estão no céu são moldados pelo Criador da maneira mais perfeita? Mas ele nunca imaginará que as proporções da noite e do dia, ou de ambos em relação ao mês, ou do mês em relação ao ano, ou das estrelas em relação a eles e umas às outras, e quaisquer outras coisas que sejam materiais e visíveis, também podem ser eternas e não estão sujeitas a nenhum desvio – isso seria absurdo; e é igualmente absurdo se esforçar tanto para investigar sua exata verdade.

GLAUCO – Concordo plenamente, embora nunca tenha pensado nisso antes.

SÓCRATES – Então, em astronomia, assim como em geometria, devemos usar problemas e deixar os céus em paz, se quisermos abordar o assunto da

---

* **Dédalo**, na mitologia grega, é um personagem natural de Atenas e descendente de Erecteu. Notável arquiteto e inventor, cuja obra mais famosa é o labirinto que construiu para o rei Minos, de Creta, aprisionar o Minotauro, monstro, filho de sua mulher.

maneira correta e, assim, fazer com que o dom natural da razão tenha alguma utilidade real.

GLAUCO – Isso é um trabalho infinitamente além dos nossos astrônomos atuais.

SÓCRATES – Sim, e há muitas outras coisas que também precisam ter uma abrangência semelhante se quisermos que nossa regulamentação tenha algum valor. Mas você pode me indicar algum outro estudo adequado?

GLAUCO – Não, não sem pensar.

SÓCRATES – O movimento tem muitas formas e não apenas uma; duas delas são óbvias o suficiente até mesmo para uma inteligência não melhor que a nossa; e há outras, como imagino, que podem ser deixadas para pessoas mais sábias.

GLAUCO – Mas onde estão as duas?

SÓCRATES – Eu disse que há uma segunda, que é a contraparte da que já foi mencionada.*

GLAUCO – E qual é ela?

SÓCRATES – A segunda, pareceria aos ouvidos o que a primeira é para os olhos; pois eu imagino que, assim como os olhos são projetados para olhar para as estrelas, os ouvidos são projetados para ouvir movimentos harmoniosos; e essas são ciências irmãs – como dizem os pitagóricos, e, nós, Glauco, concordamos com eles?

GLAUCO – Sim.

SÓCRATES – Mas esse é um estudo trabalhoso e, portanto, é melhor irmos aprender com eles; e eles nos dirão se há outras aplicações dessas ciências. Ao mesmo tempo, não devemos perder de vista nosso próprio objetivo maior.

---

* O movimento dos astros, que é objeto da astronomia.

GLAUCO – E qual é ele?

SÓCRATES – Há uma perfeição que todo conhecimento deve alcançar, e que nossos alunos também devem alcançar, e não ficar aquém dele, como eu estava dizendo que eles fizeram na astronomia. Pois na ciência da harmonia, como você provavelmente sabe, acontece a mesma coisa. Os professores de harmonia comparam os sons e as consonâncias que são apenas ouvidas, e seu trabalho, como o dos astrônomos, é em vão.

GLAUCO – Sim, pelos céus! E é tão bom quanto uma peça de teatro ouvi-los falar sobre suas notas condensadas, como eles as chamam; colocam seus ouvidos ao lado das cordas como pessoas que captam um som da parede do vizinho – um grupo deles declara que distingue uma nota intermediária e encontrou o menor intervalo que deveria ser a unidade de medida; os outros insistem que os dois sons são os mesmos – cada parte coloca seus ouvidos à frente de seu entendimento.

SÓCRATES – Você quer dizer aqueles cavalheiros que provocam e torturam as cordas e as prendem nas cavilhas do instrumento:* poderia continuar a metáfora e falar à maneira deles sobre os golpes que a palheta dá, e fazem acusações contra as cordas, tanto de atraso quanto de avanço no som; mas isso seria tedioso e, portanto, direi apenas que esses não são os homens e que estou me referindo aos pitagóricos, sobre os quais eu estava propondo agora perguntar sobre harmonia. Pois eles também estão em erro, como os astrônomos; eles investigam os números das harmonias que são ouvidas, mas nunca chegam aos problemas – isto é, nunca chegam às harmonias naturais do número, ou refletem por que alguns números são harmoniosos e outros não.

GLAUCO – Isso é algo que vai além do conhecimento mortal.

SÓCRATES – Uma coisa que eu preferiria chamar de útil se buscada com vistas ao belo e ao bom; mas se buscada em qualquer outro espírito, inútil.

GLAUCO – É bem verdade.

* Analogia com a roda, antigo instrumento de tortura.

SÓCRATES – Agora, quando todos esses estudos atingirem o ponto de intercomunhão e conexão uns com os outros, e vierem a ser considerados em suas afinidades mútuas, então, penso eu, mas não até então, a busca por eles terá um valor para nossos objetivos; caso contrário, não haverá proveito neles.

GLAUCO – Suspeito que sim; mas você está falando, Sócrates, de uma obra imensa.

SÓCRATES – O que você quer dizer com isso? O prenúncio ou o quê? Você não sabe que tudo isso é apenas o prelúdio do esforço real que temos de aprender? Pois você certamente não consideraria o matemático habilidoso como um dialético?

GLAUCO – Com certeza não. Eu quase nunca conheci um matemático que fosse capaz de raciocinar.

SÓCRATES – Mas você imagina que os homens que são incapazes de dar e receber argumentos terão o conhecimento que exigimos deles?

GLAUCO – Isso tampouco se pode supor.

SÓCRATES – E assim, Glauco, finalmente chegamos ao hino da dialética. Essa é aquela tensão que é apenas do intelecto, mas que a faculdade da visão, no entanto, será encontrada para imitar; pois a visão, como você deve se lembrar, foi concebida por nós depois de um tempo para contemplar os animais reais e estrelas, e por último de todos o próprio sol. E assim com a dialética; quando uma pessoa começa a descobrir o absoluto apenas pela luz da razão, e sem qualquer ajuda do sentido, e persevera até que, por pura inteligência, chega à percepção do bem absoluto, ela finalmente se encontra no fim do mundo intelectual, como no caso da visão no fim do visível.

GLAUCO – Exatamente.

SÓCRATES – Então esse é o progresso que você chama de dialética?

GLAUCO – Verdade.

SÓCRATES – Mas a libertação dos prisioneiros das correntes e sua transição das sombras para as imagens e para a luz, e a ascensão do antro subterrâneo ao sol, enquanto em sua presença eles tentam em vão olhar para animais, plantas e a luz do sol, mas conseguem perceber, mesmo com seus olhos fracos, as imagens na água (que são divinas) e são as sombras da verdadeira existência (não sombras de imagens projetadas por uma luz de fogo, que em comparação com o sol é apenas uma imagem) – esse poder de enaltecer o princípio mais elevado na alma à contemplação daquilo que é melhor na existência, com o qual podemos comparar a elevação da faculdade que é a própria luz do corpo para a visão daquilo que é mais brilhante no mundo material e visível* – esse poder é dado, como eu estava dizendo, por todo esse estudo e busca das artes que foi descrito.

GLAUCO – Eu concordo com o que você está dizendo, mas o que pode ser difícil de acreditar, por outro lado, é ainda mais difícil de negar. No entanto, esse não é um tema para ser tratado apenas de passagem, mas terá que ser discutido várias vezes. Portanto, seja nossa conclusão verdadeira ou falsa, vamos assumir tudo isso e avançar imediatamente do prelúdio ou preâmbulo para a parte principal e descrever isso da mesma maneira. Diga então, qual é a natureza e quais são as divisões da dialética, e quais são os caminhos que levam até lá; pois esses caminhos também levarão ao nosso descanso final?

SÓCRATES – Caro Glauco, você não conseguirá me acompanhar aqui, embora eu faça o meu melhor, e você deveria contemplar não apenas uma imagem, mas a verdade absoluta, de acordo com a minha noção. Se o que eu lhe disse seria ou não uma realidade, eu não posso afirmar com certeza; mas você teria visto algo parecido com a realidade; disso tenho certeza.

GLAUCO – Sem dúvida.

SÓCRATES – Mas devo também lembrá-lo de que somente o poder da dialética pode revelar isso, e apenas para alguém que seja discípulo das ciências anteriores.

* Platão adota um sentido abrangente e inclusivo para o termo, onde a clareza está associada à confiabilidade e segurança. Ele utiliza o termo nesse sentido amplo.

GLAUCO – Você pode ter tanta certeza dessa afirmação quanto da última.

SÓCRATES – E com certeza ninguém argumentará que há outro método de compreender por meio de um processo regular toda a verdadeira existência ou de determinar o que cada coisa é em sua própria natureza; pois as artes em geral estão relacionadas aos desejos ou opiniões dos homens, ou são cultivadas com o objetivo de produção e construção, ou para a preservação de tais produções e construções; e em relação às ciências matemáticas, que, como dissemos, têm alguma compreensão do verdadeiro ser – geometria e outras semelhantes –, elas apenas sonham com o ser, mas nunca podem contemplar a realidade desperta enquanto deixam as hipóteses que utilizam não examinadas, e são incapazes de dar uma explicação delas. Pois quando alguém não conhece seu próprio primeiro princípio e quando a conclusão e os passos intermediários também são construídos a partir de ele sabe-se lá o quê, como ele pode imaginar que tal estrutura de convenção possa se tornar ciência?

GLAUCO – Impossível.

SÓCRATES – Então a dialética, e somente a dialética, vai diretamente ao primeiro princípio e é a única ciência que elimina as hipóteses para garantir seu fundamento; o olho da alma, que está literalmente enterrado em um lamaçal bárbaro,* é elevado por sua gentil ajuda; e ela usa como servas e auxiliares no trabalho de conversão as ciências que discutimos. Costumeiramente, elas são chamadas de ciências, mas deveriam ter outro nome, que implique maior clareza do que a opinião e menor clareza do que a ciência: e isso, em nosso esboço anterior, foi chamado de entendimento. Mas por que devemos discutir sobre nomes quando temos realidades de tanta importância para considerar?

GLAUCO – Por que mesmo quando qualquer nome serve para expressar o pensamento da mente com clareza?

* Platão adota essa expressão do orfismo, que descrevia as almas ímpias como estando no mundo subterrâneo, enterradas na lama, uma metáfora para representar seu estado negativo após a morte.

SÓCRATES – De qualquer forma, estamos satisfeitos, como antes, em ter quatro divisões; duas para o intelecto e duas para a opinião, e chamar a primeira divisão de ciência, a segunda de entendimento, a terceira de crença e a quarta de percepção de sombras, sendo a opinião relacionada ao devir e o intelecto ao ser; e assim fazer uma proposta:

> *Assim como o ser é para o devir, assim é o intelecto puro para a opinião. E assim como o intelecto é para a opinião, assim é a ciência para a crença, e o entendimento para a percepção de sombras.*

Mas vamos adiar a correlação e subdivisão adicional dos temas da opinião e do intelecto, pois será uma longa investigação, muitas vezes mais longa do que esta tem sido.

GLAUCO – Pelo que entendo, concordo.

SÓCRATES – E você também concorda em descrever o dialético como alguém que alcança uma concepção da essência de cada coisa? E aquele que não possui e, portanto, é incapaz de transmitir essa concepção, na medida em que falha, pode ser dito que também falha em inteligência? Você concorda com isso?

GLAUCO – Sim, como posso negar?

SÓCRATES – E você diria o mesmo em relação à concepção do bem? Até que a pessoa seja capaz de abstrair e definir racionalmente a ideia do bem, e a menos que possa enfrentar todos os questionamentos e esteja pronta para refutá-los, não apelando para a opinião, mas para a verdade absoluta, sem hesitar em nenhum passo do argumento – a menos que possa fazer tudo isso, você diria que ele não conhece nem a ideia do bem nem qualquer outro bem; ele capta apenas uma sombra, se é que capta algo, que é fornecida pela opinião e não pela ciência; – sonhando e dormindo nesta vida, antes de acordar bem aqui, ele chega ao mundo inferior e encontra seu descanso final.

GLAUCO – Em tudo isso, eu certamente concordaria com você.

SÓCRATES – E certamente você não gostaria que as crianças do seu Estado ideal, que você está criando e educando – se o ideal se tornar realidade –, sem usar da razão, fossem colocadas no comando dos assuntos mais importantes, não é?

GLAUCO – Certamente que não.

SÓCRATES – Então você fará uma lei que exija que elas tenham uma educação que lhes permita adquirir a maior habilidade em fazer e responder a perguntas?

GLAUCO – Sim, você e eu faremos isso juntos.

SÓCRATES – A dialética, então, como você concordará, é a pedra angular das ciências e está acima delas; nenhuma outra ciência pode ser colocada mais alta – a natureza do conhecimento não pode ir além?

GLAUCO – Concordo, ele disse.

SÓCRATES – Mas, a quem devemos designar esses estudos e de que maneira devem ser atribuídos, são questões que ainda precisam ser consideradas.

GLAUCO – Sim, claramente.

SÓCRATES – Você se lembra de como os governantes eram escolhidos antes?

GLAUCO – Certamente, ele disse.

SÓCRATES – As pessoas da mesma natureza devem ainda ser escolhidas, e a preferência novamente deve ser dada às mais seguras e corajosas e, se possível, às mais belas; e, tendo temperamentos nobres e generosos, elas também devem ter os dons naturais que facilitarão sua educação.

GLAUCO – E quais são esses dons?

SÓCRATES – Dons como agudeza e prontidão na compreensão; pois a mente desfalece mais frequentemente devido à severidade dos estudos do que devido à severidade dos exercícios físicos: o esforço é mais inteiramente da mente, e não é compartilhado com o corpo.

GLAUCO – Muito verdadeiro, ele respondeu.

SÓCRATES – Além disso, aquele que estamos buscando deve ter uma boa memória e ser um homem sólido e incansável que ama o trabalho em qualquer área; ou ele nunca será capaz de suportar a grande quantidade de exercícios corporais e passar por toda a disciplina intelectual e estudo que exigimos dele.

GLAUCO – Certamente, deve ter dons naturais.

SÓCRATES – O erro atualmente é que aqueles que estudam filosofia não têm vocação, e esta, como eu estava dizendo antes, é a razão pela qual ela caiu em descrédito: seus verdadeiros filhos devem tomá-la pela mão e não serem bastardos.*

GLAUCO – O que você quer dizer?

SÓCRATES – Em primeiro lugar, seu eleito não deve ter uma iniciativa coxa ou vacilante – quero dizer, ele não deve ser meio trabalhador e meio ocioso: por exemplo, quando um homem é amante de ginástica e caça e de todos os outros exercícios corporais odeia, em vez de amar, o trabalho de aprender, ouvir ou perguntar. Ou a ocupação à qual ele se dedica pode ser de um tipo oposto, e ele pode ter o outro tipo de claudicação.

GLAUCO – Certamente.

SÓCRATES – E quanto à verdade, não é uma alma igualmente considerada coxa e manca que odeia a falsidade voluntária e fica extremamente indignada consigo mesma e com os outros quando eles dizem mentiras, mas é paciente com a falsidade involuntária e não se importa em chafurdar como uma besta suja na lama da ignorância e não tem vergonha de ser detectada?

---

* Por bastardos entenda aqueles que não possuem naturalmente as qualidades necessárias para a verdadeira filosofia.

GLAUCO – Com certeza.

SÓCRATES – E, novamente, no que diz respeito à temperança, coragem, magnificência e todas as outras virtudes, não deveríamos distinguir cuidadosamente entre o verdadeiro filho e o bastardo?* Pois onde não há discernimento de tais qualidades, Estados e indivíduos inconscientemente erram, e o Estado faz um governante, e a pessoa um amigo, de alguém que, sendo defeituoso em alguma parte da virtude, é, em uma figura, coxo ou bastardo.

GLAUCO – Isso é muito verdadeiro.

SÓCRATES – Todas essas coisas, então, terão de ser cuidadosamente consideradas por nós; e se aqueles que introduzirmos nesse vasto sistema de educação e treinamento forem sãos de corpo e mente, a própria justiça não terá nada a dizer contra nós, e seremos os salvadores da constituição e do Estado; mas, se nossos alunos forem homens de outro tipo, acontecerá o contrário, e derramaremos uma enxurrada ainda maior de ridículo sobre a filosofia do que ela já tem de suportar.

GLAUCO – Isso não seria digno de crédito.

SÓCRATES – Certamente não, e ainda assim, talvez, ao transformar a brincadeira em algo sério, eu possa estar sendo igualmente ridículo.

GLAUCO – Em que aspecto?

SÓCRATES – Eu havia me esquecido, de que não estávamos falando sério, e falei com muita empolgação. Pois, quando vi a filosofia ser tão desmerecidamente pisoteada pelos homens, não pude deixar de sentir uma espécie de indignação com os autores de sua desgraça, e minha raiva me tornou veemente demais.

GLAUCO – De fato? Eu estava ouvindo e não me pareceu que fosse assim.

---

* Platão não apenas concebe uma hierarquia de virtudes parciais, mas também uma virtude total que é a harmoniosa soma de todas elas.

SÓCRATES – Mas eu, que sou o orador, senti que estava. E agora deixe-me lembrá-lo de que, embora em nossa seleção anterior tenhamos escolhido homens velhos, não devemos fazer o mesmo nesta. Sólon* estava se iludindo quando disse que um homem quando envelhece pode aprender muitas coisas –, pois ele não pode aprender muito, assim como não pode correr muito; a juventude é o momento para qualquer trabalho extraordinário.

GLAUCO – É claro.

SÓCRATES – E, portanto, o cálculo e a geometria e todos os outros elementos de instrução, que são uma preparação para a dialética, devem ser apresentados à mente na infância; não, porém, sob qualquer perspectiva de forçar nosso sistema de educação.

GLAUCO – Por que não?

SÓCRATES – Porque um homem livre não deve ser um escravo na aquisição de qualquer tipo de conhecimento. O exercício físico, quando obrigatório, não prejudica o corpo, mas o conhecimento que é adquirido sob compulsão não se apodera da mente.

GLAUCO – É verdade.

SÓCRATES – Então, meu bom amigo, não use a coação, mas permita que a educação inicial seja uma espécie de diversão; assim, você será mais capaz de descobrir a inclinação natural.

GLAUCO – Essa é uma noção muito racional.

---

* **Sólon** (grego Σόλων, Atenas, 638 a.C. - 558 a.C.) foi um estadista, legislador e poeta grego antigo. Foi considerado pelos gregos como um dos sete sábios da Grécia Antiga e, como poeta, compôs elegias morais-filosóficas. Em 594 a.C., iniciou uma reforma das estruturas social, política e econômica da pólis ateniense. Aristocrata de nascimento e membro de uma nobre e bela família arruinada em meio ao contexto de valorização dos bens móveis na pólis ateniense, Sólon se reconstituiu economicamente através da atividade comercial, passando depois a dedicar-se inteiramente à política.

SÓCRATES – Você se lembra de que as crianças também deveriam ser levadas para ver o combate a cavalo; e que, se não houvesse perigo, elas deveriam ser levadas para perto e, como jovens cães de caça, sentir o gosto de sangue?

GLAUCO – Sim, eu me lembro.

SÓCRATES – A mesma prática pode ser seguida, em todas essas coisas – trabalhos, lições, perigos – e aquele que se sente mais à vontade em todas elas deve ser inscrito em um grupo seleto.

GLAUCO – Em que idade?

SÓCRATES – Na idade em que a ginástica necessária tiver terminado: o período de dois ou três anos que passa nesse tipo de treinamento é inútil para qualquer outro propósito; pois o sono e o exercício não são propícios ao aprendizado; e a prova de quem é o primeiro nos exercícios de ginástica é um dos testes mais importantes a que nossos jovens são submetidos.

GLAUCO – Certamente.

SÓCRATES – Depois desse tempo, aqueles que forem selecionados da classe de vinte anos serão promovidos a uma posição de maior honra, e as ciências que eles aprenderam sem qualquer ordem em sua educação inicial serão agora reunidas, e eles poderão ver a relação natural entre elas e com o verdadeiro ser.

GLAUCO – Sim, esse é o único tipo de conhecimento que cria raízes duradouras.

SÓCRATES – Sim, e a capacidade para tal conhecimento é o grande critério do talento dialético: a mente abrangente é sempre a dialética.

GLAUCO – Concordo com você.

SÓCRATES – Esses são os pontos que você deve considerar; e aqueles que têm a maior parte dessa inteligência, e que são mais firmes em seu aprendizado e em seus deveres militares e outros deveres designados, quando chegam à

idade de 30 anos, devem ser escolhidos por você como parte de uma classe seleta e elevados a uma honra maior; e você terá que prová-los com a ajuda da dialética, a fim de descobrir qual deles é capaz de abandonar o uso da visão e dos outros sentidos e, em companhia da verdade, alcançar o ser absoluto: e aqui, meu amigo, é preciso muita cautela.

GLAUCO – Por que muita cautela?

SÓCRATES – Você não observa, quão grande é o mal que a dialética introduziu?

GLAUCO – Que mal?

SÓCRATES – Os estudantes dessa arte estão repletos de ilicitude.*

GLAUCO – É bem verdade.

SÓCRATES – Você acha que há algo tão antinatural ou imperdoável no caso deles? Ou você fará concessões a eles?

GLAUCO – De que forma?

SÓCRATES – Quero que você, por meio de um paralelo, imagine um suposto filho que foi criado em grande riqueza; ele faz parte de uma família grande e numerosa e tem muitos aduladores. Quando ele se torna adulto, descobre que seus supostos pais não são seus pais verdadeiros, mas ele não consegue descobrir quem são os verdadeiros. Você consegue adivinhar como ele provavelmente se comportará em relação aos seus bajuladores e aos seus supostos pais, primeiro durante o período em que ele não sabe da falsa relação e, depois, novamente quando souber? Ou devo fazer isso por você?

---

* Essa questão está relacionada, principalmente, às diferentes concepções de Platão e dos sofistas sobre a origem e o fundamento da lei e da moral. Para Platão, a lei e a moral têm sua origem e fundamentação última em uma ideia relacionada à ideia suprema do bem. Já os sofistas veem a origem e o fundamento das leis e da moral como meras convenções humanas, restritas e prosaicas, criadas pelo grupo que detém o poder político em determinado momento da história da sociedade. Essa visão leva os sofistas a considerarem as restrições impostas pelos preceitos legais e morais como tirânicas, o que Platão classifica como "repletos de ilicitude".

GLAUCO – Por gentileza.

SÓCRATES – Então eu diria que, enquanto ele ignora a verdade, é provável que honre seu pai, sua mãe e seus supostos parentes mais do que aos aduladores; ele estará menos inclinado a negligenciá-los quando precisar, ou a fazer, ou dizer algo contra eles; e estará menos disposto a desobedecê-los em qualquer assunto importante.

GLAUCO – Será assim.

SÓCRATES – Mas, depois de fazer a descoberta, imagino que ele diminuiria sua estima e consideração por eles, e se tornaria mais devotado aos bajuladores; a influência deles sobre ele aumentaria muito; ele agora viveria de acordo com os costumes deles e se associaria abertamente a eles e, a menos que tivesse uma disposição excepcionalmente boa, não se preocuparia mais com seus supostos pais ou outros parentes.

GLAUCO – Bem, tudo isso é muito provável. Mas como a imagem se aplica aos discípulos da filosofia?

SÓCRATES – Da seguinte maneira: você sabe que há certos princípios sobre justiça e honra que nos foram ensinados na infância e que, sob a autoridade paterna, fomos criados obedecendo e honrando-os.

GLAUCO – Isso é verdade.

SÓCRATES – Há também máximas opostas e hábitos de luxúria que lisonjeiam e atraem a alma, mas não influenciam aqueles de nós que têm algum senso de justiça, e continuam a obedecer e honrar as máximas dos pais.

GLAUCO – É verdade.

SÓCRATES – Agora, quando um homem está nesse estado, e o espírito questionador pergunta o que é justo ou honroso, e ele responde como o legislador lhe ensinou, e então muitos e diversos argumentos refutam suas palavras, até que ele é levado a acreditar que nada é mais honroso do que o desonroso, ou mais justo e bom do que o contrário, e assim, de todas as noções que ele mais valorizava, você acha que ele ainda as honrará e obedecerá como antes?

GLAUCO – Impossível.

SÓCRATES – E quando ele deixar de considerá-las honrosas e naturais como até então, e não conseguir descobrir a verdade, pode-se esperar que ele siga uma vida que não seja aquela que satisfaça seus desejos?

GLAUCO – Não se pode.

SÓCRATES – E, de guardião da lei, ele se converteu em um violador dela?

GLAUCO – Inquestionavelmente.

SÓCRATES – Ora, tudo isso é muito natural em estudantes de filosofia como os que descrevi, e também, como eu estava dizendo agora, muito compreensível.

GLAUCO – Sim, e, devo acrescentar, lamentável.

SÓCRATES – Portanto, para que seus sentimentos não sejam levados à piedade em relação aos nossos cidadãos que agora têm 30 anos de idade, todo cuidado deve ser tomado ao apresentá-los à dialética.

GLAUCO – Com certeza.

SÓCRATES – Há um perigo caso eles não provem o querido deleite cedo demais; pois os jovens, como você deve ter observado, quando começam a sentir o gosto da coisa, discutem por diversão e estão sempre contradizendo e refutando os outros, imitando aqueles que os refutam; como cachorrinhos, eles se alegram em puxar e rasgar todos que se aproximam deles.

GLAUCO – Sim, não há nada de que eles gostem mais.

SÓCRATES – E quando fazem muitas conquistas e são derrotados pelas mãos de muitos, violenta e rapidamente começam a não acreditar em nada do que acreditavam antes e, por isso, não apenas eles, mas a filosofia e tudo o que se relaciona a ela tendem a ter uma má reputação perante o resto do mundo.

GLAUCO – É bem verdade.

SÓCRATES – Mas quando um homem começa a envelhecer, ele não será mais culpado de tal insanidade; ele imitará o dialético que está buscando a verdade, e não o erístico,* que está contradizendo para se divertir; e a maior moderação de seu caráter aumentará em vez de diminuir a honra da busca.

GLAUCO – É bem verdade.

SÓCRATES – E não fizemos uma provisão especial para isso, quando dissemos que os discípulos da filosofia deveriam ser ordeiros e firmes, e não, como agora, qualquer aspirante ou intruso casual?

GLAUCO – É verdade.

SÓCRATES – Suponhamos que o estudo da filosofia tomasse o lugar da ginástica e fosse continuado de forma diligente, séria e exclusivamente pelo dobro do número de anos que foram gastos em exercícios corporais – isso seria suficiente?

GLAUCO – Você diria de seis a quatro anos?

SÓCRATES – Ao final desse período, eles devem ser enviados novamente para a comunidade e obrigados a ocupar qualquer cargo militar ou outro cargo que os jovens estejam qualificados para ocupar: dessa forma, eles terão sua experiência de vida e terão a oportunidade de experimentar se, quando forem atraídos de todas as formas pela tentação, permanecerão firmes ou recuarão.

GLAUCO – E quanto tempo durará essa fase da vida deles?

SÓCRATES – Quinze anos, respondi; e quando chegarem aos 50 anos de idade, então aqueles que ainda sobreviverem e tiverem se destacado em todas as ações de suas vidas e em todos os ramos do conhecimento, que finalmente alcancem sua consumação; chegou o momento em que devem elevar os olhos da alma para a luz universal que ilumina todas as coisas e contemplar o bem absoluto, pois esse é o padrão segundo o qual devem ordenar o Estado e as vidas

---

* Na filosofia e na retórica, a erística refere-se a argumentos que visam contestar com êxito o argumento de outra pessoa, em vez de procurar a verdade (diz-se esp. dos sofistas ou megáricos).

dos indivíduos, e também o restante de suas próprias vidas; fazendo da filosofia sua principal busca, mas, quando chegar sua vez, trabalhando também na política e governando para o bem público, não como se estivessem realizando alguma ação heroica, mas simplesmente por uma questão de dever. E quando tiverem criado, em cada geração, outros iguais a eles e os tiverem deixado em seus lugares para serem governadores do Estado, então partirão para as Ilhas Afortunadas* e morarão lá; e a cidade lhes oferecerá memoriais e sacrifícios públicos e os honrará, se o oráculo pítio** consentir, como semideuses, mas se não, como abençoados e divinos de qualquer forma.

GLAUCO – Você é um escultor, Sócrates, e fez estátuas de nossos governadores de beleza impecável.

SÓCRATES – Sim, Glauco, e de nossas governantas também; pois não deve supor que o que estou dizendo se aplica somente aos homens e não às mulheres, até onde suas naturezas podem chegar.***

GLAUCO – Aí você tem razão, pois nós as fizemos participar de todas as coisas como os homens.

SÓCRATES – Bem, e você concordaria (não concordaria?) que o que foi dito sobre o Estado e o governo não é um mero sonho e, embora difícil, não é

* **Ilhas Afortunadas** (em grego: μακάρων νῆσοι 'ilhas dos bem-aventurados' ou 'ilhas abençoadas') foram, nas mitologias grega e céltica, o deleitável paraíso que para o poeta grego Hesíodo era o lugar que acomodava os Elísios, uma região abençoada, onde os heróis e as almas favorecidas eram recebidos pelos deuses após a morte. Acreditava-se que essas ilhas estavam no Oceano Ocidental perto do cerco do rio Oceanus. A Madeira, os Açores, as Canárias e Cabo Verde às vezes são identificadas como as possíveis localizações das Ilhas Afortunadas.

** A **pítia** (em grego: Πυθία) ou pitonisa era a sacerdotisa do templo de Apolo, em Delfos, Antiga Grécia, situado nas encostas do monte Parnaso. A pítia era amplamente renomada por suas profecias, inspiradas por Apolo. O oráculo délfico foi fundado no século VIII a.C., e sua última resposta registrada ocorreu em 393 d.C., quando o imperador romano Teodósio ordenou que os templos pagãos encerrassem suas operações. Até então o oráculo de Delfos era tido como um dos mais prestigiosos e fiáveis oráculos do mundo grego. O nome 'Pítia' vem de Pytho (cujo significado é serpente), o nome original de Delfos na mitologia. Os gregos derivaram este topônimo do verbo pythein (πύθειν, "serpente"), assim denominado por causa da sacerdotisa, a Pítia, que nele profetizava os oráculos.

*** No Estado ideal de Platão não haveria qualquer lugar para a misoginia, presente nos estados da Grécia Antiga.

impossível, mas apenas possível da maneira que foi suposto; isto é, quando os verdadeiros reis filósofos nascem em um Estado, um ou mais deles, desprezando as honras deste mundo atual, que eles consideram mesquinhas e sem valor, estimando acima de todas as coisas o direito e a honra que brota do direito, e considerando a justiça como a maior e mais necessária de todas as coisas, de quem eles são ministros, e cujos princípios serão exaltados por eles quando colocarem ordem em sua própria cidade?

GLAUCO – Como eles procederão?

SÓCRATES – Começarão enviando para o campo todos os habitantes da cidade que tenham mais de 10 anos de idade e tomarão posse de seus filhos, que não serão afetados pelos hábitos de seus pais; eles os treinarão em seus próprios hábitos e leis, quero dizer, nas leis que lhes demos: e dessa forma o Estado e a constituição de que estávamos falando alcançarão a felicidade mais rápida e facilmente, e a nação que tiver tal constituição será a que mais ganhará.

GLAUCO – Sim, esse será o melhor caminho. E eu penso, Sócrates, que você descreveu muito bem como, se é que alguma vez, tal constituição poderá vir a existir.

SÓCRATES – Basta, então, falar do Estado perfeito e do homem que carrega sua imagem – não há dificuldade em ver como devemos descrevê-lo.

GLAUCO – Não há dificuldade, e concordo com você em pensar que nada mais precisa ser dito.

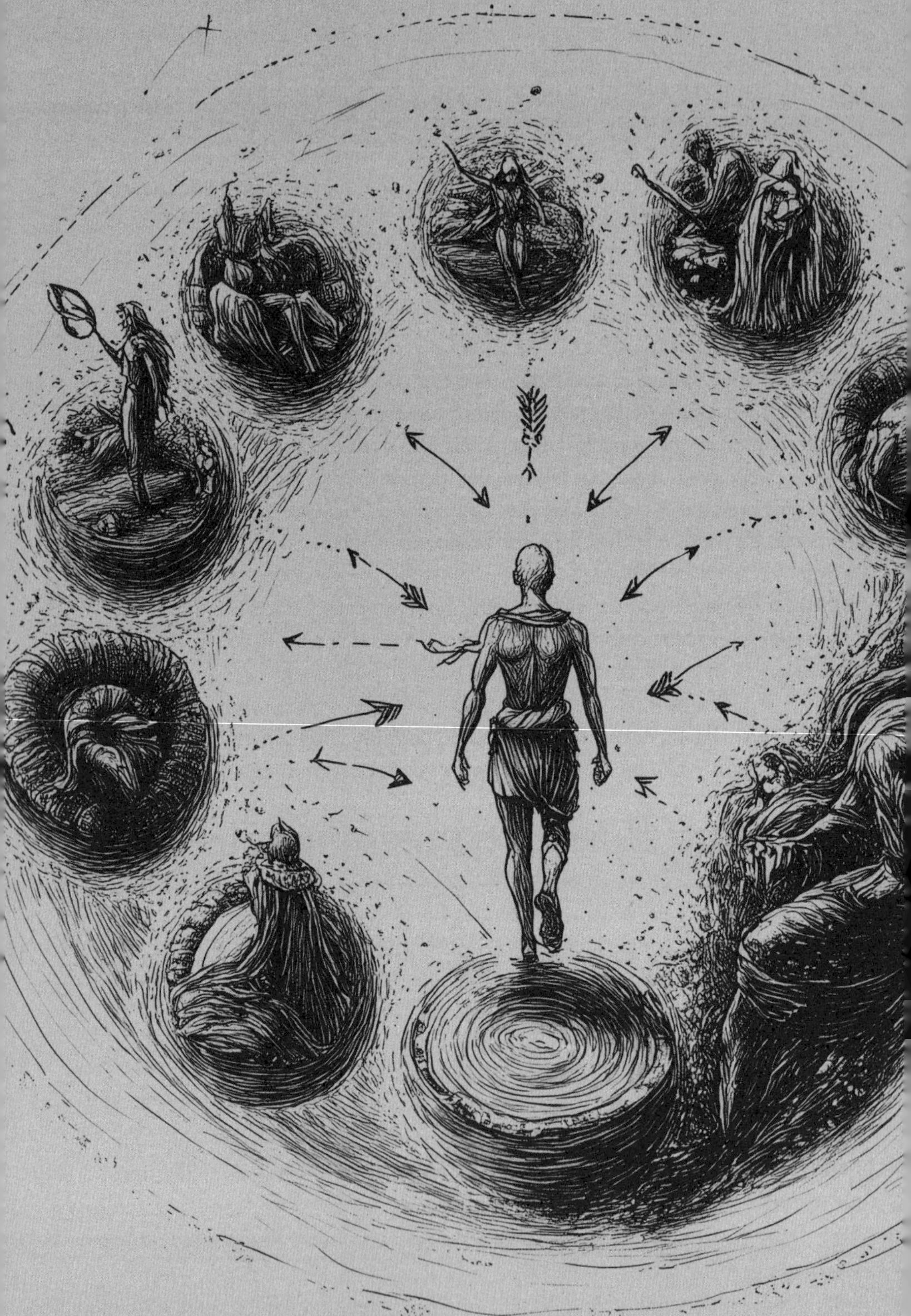

ORIGINAL
GREGO

Βιβλίο Ζ'

Σωκράτης, Γλαύκων

[514a] μετὰ ταῦτα δή, εἶπον, ἀπείκασον τοιούτῳ πάθει τὴν ἡμετέραν φύσιν παιδείας τε πέρι καὶ ἀπαιδευσίας. ἰδὲ γὰρ ἀνθρώπους οἷον ἐν καταγείῳ οἰκήσει σπηλαιώδει, ἀναπεπταμένην πρὸς τὸ φῶς τὴν εἴσοδον ἐχούσῃ μακρὰν παρὰ πᾶν τὸ σπήλαιον, ἐν ταύτῃ ἐκ παίδων ὄντας ἐν δεσμοῖς καὶ τὰ σκέλη καὶ τοὺς αὐχένας, ὥστε μένειν τε αὐτοὺς εἴς τε τὸ [514b] πρόσθεν μόνον ὁρᾶν, κύκλῳ δὲ τὰς κεφαλὰς ὑπὸ τοῦ δεσμοῦ ἀδυνάτους περιάγειν, φῶς δὲ αὐτοῖς πυρὸς ἄνωθεν καὶ πόρρωθεν καόμενον ὄπισθεν αὐτῶν, μεταξὺ δὲ τοῦ πυρὸς καὶ τῶν δεσμωτῶν ἐπάνω ὁδόν, παρ' ἣν ἰδὲ τειχίον παρῳκοδομημένον, ὥσπερ τοῖς θαυματοποιοῖς πρὸ τῶν ἀνθρώπων πρόκειται τὰ παραφράγματα, ὑπὲρ ὧν τὰ θαύματα δεικνύασιν.

ὁρῶ, ἔφη.

ὅρα τοίνυν παρὰ τοῦτο τὸ τειχίον φέροντας ἀνθρώπους [514c] σκεύη τε παντοδαπὰ ὑπερέχοντα τοῦ τειχίου καὶ ἀνδριάντας [515a] καὶ ἄλλα ζῷα λίθινά τε καὶ ξύλινα καὶ παντοῖα εἰργασμένα, οἷον εἰκὸς τοὺς μὲν φθεγγομένους, τοὺς δὲ σιγῶντας τῶν παραφερόντων.

ἄτοπον, ἔφη, λέγεις εἰκόνα καὶ δεσμώτας ἀτόπους.

ὁμοίους ἡμῖν, ἦν δ' ἐγώ: τοὺς γὰρ τοιούτους πρῶτον μὲν ἑαυτῶν τε καὶ ἀλλήλων οἴει ἄν τι ἑωρακέναι ἄλλο πλὴν τὰς σκιὰς τὰς ὑπὸ τοῦ πυρὸς εἰς τὸ καταντικρὺ αὐτῶν τοῦ σπηλαίου προσπιπτούσας;

πῶς γάρ, ἔφη, εἰ ἀκινήτους γε τὰς κεφαλὰς ἔχειν ἠναγκασμένοι [515b] εἶεν διὰ βίου;

τί δὲ τῶν παραφερομένων; οὐ ταὐτὸν τοῦτο;

τί μήν;

εἰ οὖν διαλέγεσθαι οἷοί τ᾽ εἶεν πρὸς ἀλλήλους, οὐ ταῦτα ἡγῇ ἂν τὰ ὄντα αὐτοὺς νομίζειν ἅπερ ὁρῷεν;

ἀνάγκη.

τί δ᾽ εἰ καὶ ἠχὼ τὸ δεσμωτήριον ἐκ τοῦ καταντικρὺ ἔχοι; ὁπότε τις τῶν παριόντων φθέγξαιτο, οἴει ἂν ἄλλο τι αὐτοὺς ἡγεῖσθαι τὸ φθεγγόμενον ἢ τὴν παριοῦσαν σκιάν;

μὰ Δί᾽ οὐκ ἔγωγ᾽, ἔφη. [515c]

παντάπασι δή, ἦν δ᾽ ἐγώ, οἱ τοιοῦτοι οὐκ ἂν ἄλλο τι νομίζοιεν τὸ ἀληθὲς ἢ τὰς τῶν σκευαστῶν σκιάς.

πολλὴ ἀνάγκη, ἔφη.

σκόπει δή, ἦν δ᾽ ἐγώ, αὐτῶν λύσιν τε καὶ ἴασιν τῶν τε δεσμῶν καὶ τῆς ἀφροσύνης, οἵα τις ἂν εἴη, εἰ φύσει τοιάδε συμβαίνοι αὐτοῖς: ὁπότε τις λυθείη καὶ ἀναγκάζοιτο ἐξαίφνης ἀνίστασθαί τε καὶ περιάγειν τὸν αὐχένα καὶ βαδίζειν καὶ πρὸς τὸ φῶς ἀναβλέπειν, πάντα δὲ ταῦτα ποιῶν ἀλγοῖ τε καὶ διὰ τὰς μαρμαρυγὰς ἀδυνατοῖ καθορᾶν ἐκεῖνα ὧν [515d] τότε τὰς σκιὰς ἑώρα, τί ἂν οἴει αὐτὸν εἰπεῖν, εἴ τις αὐτῷ λέγοι ὅτι τότε μὲν ἑώρα φλυαρίας, νῦν δὲ μᾶλλόν τι ἐγγυτέρω τοῦ ὄντος καὶ πρὸς μᾶλλον ὄντα τετραμμένος ὀρθότερον βλέποι, καὶ δὴ καὶ ἕκαστον τῶν παριόντων δεικνὺς αὐτῷ ἀναγκάζοι ἐρωτῶν ἀποκρίνεσθαι ὅτι ἔστιν; οὐκ οἴει αὐτὸν ἀπορεῖν τε ἂν καὶ ἡγεῖσθαι τὰ τότε ὁρώμενα ἀληθέστερα ἢ τὰ νῦν δεικνύμενα;

πολύ γ᾽, ἔφη. [515e]

οὐκοῦν κἂν εἰ πρὸς αὐτὸ τὸ φῶς ἀναγκάζοι αὐτὸν βλέπειν, ἀλγεῖν τε ἂν τὰ ὄμματα καὶ φεύγειν ἀποστρεφόμενον πρὸς ἐκεῖνα ἃ δύναται καθορᾶν, καὶ νομίζειν ταῦτα τῷ ὄντι σαφέστερα τῶν δεικνυμένων;

οὕτως, ἔφη.

εἰ δέ, ἦν δ᾽ ἐγώ, ἐντεῦθεν ἕλκοι τις αὐτὸν βίᾳ διὰ τραχείας τῆς ἀναβάσεως καὶ ἀνάντους, καὶ μὴ ἀνείη πρὶν ἐξελκύσειεν εἰς τὸ τοῦ ἡλίου φῶς, ἆρα οὐχὶ ὀδυνᾶσθαί τε [516a] ἂν καὶ ἀγανακτεῖν ἑλκόμενον, καὶ ἐπειδὴ πρὸς τὸ φῶς ἔλθοι, αὐγῆς ἂν ἔχοντα τὰ ὄμματα μεστὰ ὁρᾶν οὐδ᾽ ἂν ἓν δύνασθαι τῶν νῦν λεγομένων ἀληθῶν;

οὐ γὰρ ἄν, ἔφη, ἐξαίφνης γε.

συνηθείας δὴ οἶμαι δέοιτ᾽ ἄν, εἰ μέλλοι τὰ ἄνω ὄψεσθαι. καὶ πρῶτον μὲν τὰς σκιὰς ἂν ῥᾷστα καθορῷ, καὶ μετὰ τοῦτο ἐν τοῖς ὕδασι τά τε τῶν ἀνθρώπων καὶ τὰ τῶν ἄλλων εἴδωλα, ὕστερον δὲ αὐτά: ἐκ δὲ τούτων τὰ ἐν τῷ οὐρανῷ καὶ αὐτὸν τὸν οὐρανὸν νύκτωρ ἂν ῥᾷον θεάσαιτο, προσβλέπων

τὸ τῶν [516b] ἄστρων τε καὶ σελήνης φῶς, ἢ μεθ᾽ ἡμέραν τὸν ἥλιόν τε καὶ τὸ τοῦ ἡλίου.

πῶς δ᾽ οὔ;

τελευταῖον δὴ οἶμαι τὸν ἥλιον, οὐκ ἐν ὕδασιν οὐδ᾽ ἐν ἀλλοτρίᾳ ἕδρᾳ φαντάσματα αὐτοῦ, ἀλλ᾽ αὐτὸν καθ᾽ αὑτὸν ἐν τῇ αὑτοῦ χώρᾳ δύναιτ᾽ ἂν κατιδεῖν καὶ θεάσασθαι οἷός ἐστιν.

ἀναγκαῖον, ἔφη.

καὶ μετὰ ταῦτ᾽ ἂν ἤδη συλλογίζοιτο περὶ αὐτοῦ ὅτι οὗτος ὁ τάς τε ὥρας παρέχων καὶ ἐνιαυτοὺς καὶ πάντα ἐπιτροπεύων [516c] τὰ ἐν τῷ ὁρωμένῳ τόπῳ, καὶ ἐκείνων ὧν σφεῖς ἑώρων τρόπον τινὰ πάντων αἴτιος.

δῆλον, ἔφη, ὅτι ἐπὶ ταῦτα ἂν μετ᾽ ἐκεῖνα ἔλθοι.

τί οὖν; ἀναμιμνῃσκόμενον αὐτὸν τῆς πρώτης οἰκήσεως καὶ τῆς ἐκεῖ σοφίας καὶ τῶν τότε συνδεσμωτῶν οὐκ ἂν οἴει αὑτὸν μὲν εὐδαιμονίζειν τῆς μεταβολῆς, τοὺς δὲ ἐλεεῖν;

καὶ μάλα.

τιμαὶ δὲ καὶ ἔπαινοι εἴ τινες αὐτοῖς ἦσαν τότε παρ᾽ ἀλλήλων καὶ γέρα τῷ ὀξύτατα καθορῶντι τὰ παριόντα, καὶ μνημονεύοντι μάλιστα ὅσα τε πρότερα αὐτῶν καὶ ὕστερα [516d] εἰώθει καὶ ἅμα πορεύεσθαι, καὶ ἐκ τούτων δὴ δυνατώτατα ἀπομαντευομένῳ τὸ μέλλον ἥξειν, δοκεῖς ἂν αὐτὸν ἐπιθυμητικῶς αὐτῶν ἔχειν καὶ ζηλοῦν τοὺς παρ᾽ ἐκείνοις τιμωμένους τε καὶ ἐνδυναστεύοντας, ἢ τὸ τοῦ Ὁμήρου ἂν πεπονθέναι καὶ σφόδρα βούλεσθαι “”ἐπάρουρον ἐόντα θητευέμεν ἄλλῳ ἀνδρὶ παρ᾽ ἀκλήρῳ”Hom. Od. 11.489” καὶ ὁτιοῦν ἂν πεπονθέναι μᾶλλον ἢ ‘κεῖνά τε δοξάζειν καὶ ἐκείνως ζῆν; [516e]

οὕτως, ἔφη, ἔγωγε οἶμαι, πᾶν μᾶλλον πεπονθέναι ἂν δέξασθαι ἢ ζῆν ἐκείνως.

καὶ τόδε δὴ ἐννόησον, ἦν δ᾽ ἐγώ. εἰ πάλιν ὁ τοιοῦτος καταβὰς εἰς τὸν αὐτὸν θᾶκον καθίζοιτο, ἆρ᾽ οὐ σκότους <ἂν> ἀνάπλεως σχοίη τοὺς ὀφθαλμούς, ἐξαίφνης ἥκων ἐκ τοῦ ἡλίου;

καὶ μάλα γ᾽, ἔφη.

τὰς δὲ δὴ σκιὰς ἐκείνας πάλιν εἰ δέοι αὐτὸν γνωματεύοντα διαμιλλᾶσθαι τοῖς ἀεὶ δεσμώταις ἐκείνοις, ἐν ᾧ ἀμβλυώττει, [517a] πρὶν καταστῆναι τὰ ὄμματα, οὗτος δ᾽ ὁ χρόνος μὴ πάνυ ὀλίγος εἴη τῆς συνηθείας, ἆρ᾽ οὐ γέλωτ᾽ ἂν παράσχοι, καὶ λέγοιτο ἂν περὶ αὐτοῦ ὡς ἀναβὰς ἄνω διεφθαρμένος ἥκει τὰ ὄμματα, καὶ ὅτι οὐκ ἄξιον οὐδὲ πειρᾶσθαι ἄνω ἰέναι; καὶ τὸν ἐπιχειροῦντα λύειν τε καὶ ἀνάγειν, εἴ πως ἐν ταῖς χερσὶ δύναιντο λαβεῖν καὶ ἀποκτείνειν, ἀποκτεινύναι ἄν;

σφόδρα γ', ἔφη.

ταύτην τοίνυν, ἦν δ' ἐγώ, τὴν εἰκόνα, ὦ φίλε Γλαύκων, [517b] προσαπτέον ἅπασαν τοῖς ἔμπροσθεν λεγομένοις, τὴν μὲν δι' ὄψεως φαινομένην ἕδραν τῇ τοῦ δεσμωτηρίου οἰκήσει ἀφομοιοῦντα, τὸ δὲ τοῦ πυρὸς ἐν αὐτῇ φῶς τῇ τοῦ ἡλίου δυνάμει: τὴν δὲ ἄνω ἀνάβασιν καὶ θέαν τῶν ἄνω τὴν εἰς τὸν νοητὸν τόπον τῆς ψυχῆς ἄνοδον τιθεὶς οὐχ ἁμαρτήσῃ τῆς γ' ἐμῆς ἐλπίδος, ἐπειδὴ ταύτης ἐπιθυμεῖς ἀκούειν. θεὸς δέ που οἶδεν εἰ ἀληθὴς οὖσα τυγχάνει. τὰ δ' οὖν ἐμοὶ φαινόμενα οὕτω φαίνεται, ἐν τῷ γνωστῷ τελευταία ἡ τοῦ [517c] ἀγαθοῦ ἰδέα καὶ μόγις ὁρᾶσθαι, ὀφθεῖσα δὲ συλλογιστέα εἶναι ὡς ἄρα πᾶσι πάντων αὕτη ὀρθῶν τε καὶ καλῶν αἰτία, ἔν τε ὁρατῷ φῶς καὶ τὸν τούτου κύριον τεκοῦσα, ἔν τε νοητῷ αὐτὴ κυρία ἀλήθειαν καὶ νοῦν παρασχομένη, καὶ ὅτι δεῖ ταύτην ἰδεῖν τὸν μέλλοντα ἐμφρόνως πράξειν ἢ ἰδίᾳ ἢ δημοσίᾳ.

συνοίομαι, ἔφη, καὶ ἐγώ, ὅν γε δὴ τρόπον δύναμαι.

ἴθι τοίνυν, ἦν δ' ἐγώ, καὶ τόδε συνοιήθητι καὶ μὴ θαυμάσῃς ὅτι οἱ ἐνταῦθα ἐλθόντες οὐκ ἐθέλουσιν τὰ τῶν ἀνθρώπων πράττειν, ἀλλ' ἄνω ἀεὶ ἐπείγονται αὐτῶν αἱ ψυχαὶ διατρίβειν: [517d] εἰκὸς γάρ που οὕτως, εἴπερ αὖ κατὰ τὴν προειρημένην εἰκόνα τοῦτ' ἔχει.

εἰκὸς μέντοι, ἔφη.

τί δέ; τόδε οἴει τι θαυμαστόν, εἰ ἀπὸ θείων, ἦν δ' ἐγώ, θεωριῶν ἐπὶ τὰ ἀνθρώπειά τις ἐλθὼν κακὰ ἀσχημονεῖ τε καὶ φαίνεται σφόδρα γελοῖος ἔτι ἀμβλυώττων καὶ πρὶν ἱκανῶς συνήθης γενέσθαι τῷ παρόντι σκότῳ ἀναγκαζόμενος ἐν δικαστηρίοις ἢ ἄλλοθί που ἀγωνίζεσθαι περὶ τῶν τοῦ δικαίου σκιῶν ἢ ἀγαλμάτων ὧν αἱ σκιαί, καὶ διαμιλλᾶσθαι [517e] περὶ τούτου, ὅπῃ ποτὲ ὑπολαμβάνεται ταῦτα ὑπὸ τῶν αὐτὴν δικαιοσύνην μὴ πώποτε ἰδόντων;

οὐδ' ὁπωστιοῦν θαυμαστόν, ἔφη. [518a]

ἀλλ' εἰ νοῦν γε ἔχοι τις, ἦν δ' ἐγώ, μεμνῇτ' ἂν ὅτι διτταὶ καὶ ἀπὸ διττῶν γίγνονται ἐπιταράξεις ὄμμασιν, ἔκ τε φωτὸς εἰς σκότος μεθισταμένων καὶ ἐκ σκότους εἰς φῶς. ταὐτὰ δὲ ταῦτα νομίσας γίγνεσθαι καὶ περὶ ψυχήν, ὁπότε ἴδοι θορυβουμένην τινὰ καὶ ἀδυνατοῦσάν τι καθορᾶν, οὐκ ἂν ἀλογίστως γελῷ, ἀλλ' ἐπισκοποῖ ἂν πότερον ἐκ φανοτέρου βίου ἥκουσα ὑπὸ ἀηθείας ἐσκότωται, ἢ ἐξ ἀμαθίας πλείονος εἰς φανότερον ἰοῦσα ὑπὸ λαμπροτέρου μαρμαρυγῆς [518b] ἐμπέπλησται, καὶ οὕτω δὴ τὴν μὲν εὐδαιμονίσειεν ἂν τοῦ πάθους τε καὶ βίου, τὴν δὲ ἐλεήσειεν, καὶ εἰ γελᾶν ἐπ' αὐτῇ βούλοιτο, ἧττον ἂν καταγέλαστος ὁ γέλως αὐτῷ εἴη ἢ ὁ ἐπὶ τῇ ἄνωθεν ἐκ φωτὸς ἡκούσῃ.

καὶ μάλα, ἔφη, μετρίως λέγεις.

δεῖ δή, εἶπον, ἡμᾶς τοιόνδε νομίσαι περὶ αὐτῶν, εἰ ταῦτ᾽ ἀληθῆ: τὴν παιδείαν οὐχ οἵαν τινὲς ἐπαγγελλόμενοί φασιν εἶναι τοιαύτην καὶ εἶναι. φασὶ δέ που οὐκ ἐνούσης ἐν τῇ [518c] ψυχῇ ἐπιστήμης σφεῖς ἐντιθέναι, οἷον τυφλοῖς ὀφθαλμοῖς ὄψιν ἐντιθέντες.

φασὶ γὰρ οὖν, ἔφη.

ὁ δέ γε νῦν λόγος, ἦν δ᾽ ἐγώ, σημαίνει ταύτην τὴν ἐνοῦσαν ἑκάστου δύναμιν ἐν τῇ ψυχῇ καὶ τὸ ὄργανον ᾧ καταμανθάνει ἕκαστος, οἷον εἰ ὄμμα μὴ δυνατὸν ἦν ἄλλως ἢ σὺν ὅλῳ τῷ σώματι στρέφειν πρὸς τὸ φανὸν ἐκ τοῦ σκοτώδους, οὕτω σὺν ὅλῃ τῇ ψυχῇ ἐκ τοῦ γιγνομένου περιακτέον εἶναι, ἕως ἂν εἰς τὸ ὂν καὶ τοῦ ὄντος τὸ φανότατον δυνατὴ γένηται ἀνασχέσθαι θεωμένη: τοῦτο δ᾽ εἶναί φαμεν [518d] τἀγαθόν. ἦ γάρ;

ναί.

τούτου τοίνυν, ἦν δ᾽ ἐγώ, αὐτοῦ τέχνη ἂν εἴη, τῆς περιαγωγῆς, τίνα τρόπον ὡς ῥᾷστά τε καὶ ἀνυσιμώτατα μεταστραφήσεται, οὐ τοῦ ἐμποιῆσαι αὐτῷ τὸ ὁρᾶν, ἀλλ᾽ ὡς ἔχοντι μὲν αὐτό, οὐκ ὀρθῶς δὲ τετραμμένῳ οὐδὲ βλέποντι οἷ ἔδει, τοῦτο διαμηχανήσασθαι.

ἔοικεν γάρ, ἔφη.

αἱ μὲν τοίνυν ἄλλαι ἀρεταὶ καλούμεναι ψυχῆς κινδυνεύουσιν ἐγγύς τι εἶναι τῶν τοῦ σώματος-τῷ ὄντι γὰρ [518e] οὐκ ἐνοῦσαι πρότερον ὕστερον ἐμποιεῖσθαι ἔθεσι καὶ ἀσκήσεσιν-ἡ δὲ τοῦ φρονῆσαι παντὸς μᾶλλον θειοτέρου τινὸς τυγχάνει, ὡς ἔοικεν, οὖσα, ὃ τὴν μὲν δύναμιν οὐδέποτε ἀπόλλυσιν, ὑπὸ δὲ τῆς περιαγωγῆς χρήσιμόν τε καὶ ὠφέλιμον [519a] καὶ ἄχρηστον αὖ καὶ βλαβερὸν γίγνεται. ἢ οὔπω ἐννενόηκας, τῶν λεγομένων πονηρῶν μέν, σοφῶν δέ, ὡς δριμὺ μὲν βλέπει τὸ ψυχάριον καὶ ὀξέως διορᾷ ταῦτα ἐφ᾽ ἃ τέτραπται, ὡς οὐ φαύλην ἔχον τὴν ὄψιν, κακίᾳ δ᾽ ἠναγκασμένον ὑπηρετεῖν, ὥστε ὅσῳ ἂν ὀξύτερον βλέπῃ, τοσούτῳ πλείω κακὰ ἐργαζόμενον;

πάνυ μὲν οὖν, ἔφη.

τοῦτο μέντοι, ἦν δ᾽ ἐγώ, τὸ τῆς τοιαύτης φύσεως εἰ ἐκ παιδὸς εὐθὺς κοπτόμενον περιεκόπη τὰς τῆς γενέσεως [519b] συγγενεῖς ὥσπερ μολυβδίδας, αἳ δὴ ἐδωδαῖς τε καὶ τοιούτων ἡδοναῖς τε καὶ λιχνείαις προσφυεῖς γιγνόμεναι [περὶ] κάτω στρέφουσι τὴν τῆς ψυχῆς ὄψιν: ὧν εἰ ἀπαλλαγὲν περιεστρέφετο εἰς τὰ ἀληθῆ, καὶ ἐκεῖνα ἂν τὸ αὐτὸ τοῦτο τῶν αὐτῶν ἀνθρώπων ὀξύτατα ἑώρα, ὥσπερ καὶ ἐφ᾽ ἃ νῦν τέτραπται.

εἰκός γε, ἔφη.

τί δέ; τόδε οὐκ εἰκός, ἦν δ᾽ ἐγώ, καὶ ἀνάγκη ἐκ τῶν προειρημένων, μήτε τοὺς ἀπαιδεύτους καὶ ἀληθείας ἀπείρους [519c] ἱκανῶς ἄν ποτε πόλιν ἐπιτροπεῦσαι, μήτε τοὺς ἐν παιδείᾳ ἐωμένους διατρίβειν διὰ τέλους, τοὺς μὲν ὅτι σκοπὸν ἐν τῷ βίῳ οὐκ ἔχουσιν ἕνα, οὗ στοχαζομένους δεῖ ἅπαντα πράττειν ἃ ἂν πράττωσιν ἰδίᾳ τε καὶ δημοσίᾳ, τοὺς δὲ ὅτι ἑκόντες εἶναι οὐ πράξουσιν, ἡγούμενοι ἐν μακάρων νήσοις ζῶντες ἔτι ἀπῳκίσθαι;

ἀληθῆ, ἔφη.

ἡμέτερον δὴ ἔργον, ἦν δ᾽ ἐγώ, τῶν οἰκιστῶν τάς τε βελτίστας φύσεις ἀναγκάσαι ἀφικέσθαι πρὸς τὸ μάθημα ὃ ἐν τῷ πρόσθεν ἔφαμεν εἶναι μέγιστον, ἰδεῖν τε τὸ ἀγαθὸν [519d] καὶ ἀναβῆναι ἐκείνην τὴν ἀνάβασιν, καὶ ἐπειδὰν ἀναβάντες ἱκανῶς ἴδωσι, μὴ ἐπιτρέπειν αὐτοῖς ὃ νῦν ἐπιτρέπεται.

τὸ ποῖον δή;

τὸ αὐτοῦ, ἦν δ᾽ ἐγώ, καταμένειν καὶ μὴ ἐθέλειν πάλιν καταβαίνειν παρ᾽ ἐκείνους τοὺς δεσμώτας μηδὲ μετέχειν τῶν παρ᾽ ἐκείνοις πόνων τε καὶ τιμῶν, εἴτε φαυλότεραι εἴτε σπουδαιότεραι.

ἔπειτ᾽, ἔφη, ἀδικήσομεν αὐτούς, καὶ ποιήσομεν χεῖρον ζῆν, δυνατὸν αὐτοῖς ὂν ἄμεινον; [519e]

ἐπελάθου, ἦν δ᾽ ἐγώ, πάλιν, ὦ φίλε, ὅτι νόμῳ οὐ τοῦτο μέλει, ὅπως ἕν τι γένος ἐν πόλει διαφερόντως εὖ πράξει, ἀλλ᾽ ἐν ὅλῃ τῇ πόλει τοῦτο μηχανᾶται ἐγγενέσθαι, συναρμόττων τοὺς πολίτας πειθοῖ τε καὶ ἀνάγκῃ, ποιῶν μεταδιδόναι [520a] ἀλλήλοις τῆς ὠφελίας ἣν ἂν ἕκαστοι τὸ κοινὸν δυνατοὶ ὦσιν ὠφελεῖν καὶ αὐτὸς ἐμποιῶν τοιούτους ἄνδρας ἐν τῇ πόλει, οὐχ ἵνα ἀφιῇ τρέπεσθαι ὅπῃ ἕκαστος βούλεται, ἀλλ᾽ ἵνα καταχρῆται αὐτὸς αὐτοῖς ἐπὶ τὸν σύνδεσμον τῆς πόλεως.

ἀληθῆ, ἔφη: ἐπελαθόμην γάρ.

σκέψαι τοίνυν, εἶπον, ὦ Γλαύκων, ὅτι οὐδ᾽ ἀδικήσομεν τοὺς παρ᾽ ἡμῖν φιλοσόφους γιγνομένους, ἀλλὰ δίκαια πρὸς αὐτοὺς ἐροῦμεν, προσαναγκάζοντες τῶν ἄλλων ἐπιμελεῖσθαί τε καὶ φυλάττειν. ἐροῦμεν γὰρ ὅτι οἱ μὲν ἐν ταῖς ἄλλαις [520b] πόλεσι τοιοῦτοι γιγνόμενοι εἰκότως οὐ μετέχουσι τῶν ἐν αὐταῖς πόνων: αὐτόματοι γὰρ ἐμφύονται ἀκούσης τῆς ἐν ἑκάστῃ πολιτείας, δίκην δ᾽ ἔχει τό γε αὐτοφυὲς μηδενὶ τροφὴν ὀφεῖλον μηδ᾽ ἐκτίνειν τῳ προθυμεῖσθαι τὰ τροφεῖα: ὑμᾶς δ᾽ ἡμεῖς ὑμῖν τε αὐτοῖς τῇ τε ἄλλῃ πόλει ὥσπερ ἐν σμήνεσιν ἡγεμόνας τε καὶ βασιλέας ἐγεννήσαμεν, ἄμεινόν τε καὶ τελεώτερον ἐκείνων πεπαιδευμένους καὶ μᾶλλον δυνατοὺς [520c] ἀμφοτέρων μετέχειν. καταβατέον οὖν ἐν μέρει ἑκάστῳ εἰς τὴν τῶν ἄλλων συνοίκησιν καὶ συνεθιστέον τὰ σκοτεινὰ θεάσασθαι: συνεθιζόμενοι γὰρ μυρίῳ βέλτιον ὄψεσθε τῶν ἐκεῖ καὶ γνώσεσθε ἕκαστα τὰ εἴδωλα ἅττα ἐστὶ καὶ ὤν, διὰ τὸ τἀληθῆ ἑωρακέναι καλῶν τε καὶ δικαίων καὶ ἀγαθῶν πέρι. καὶ οὕτω ὕπαρ ἡμῖν καὶ ὑμῖν ἡ πόλις οἰκήσεται ἀλλ' οὐκ ὄναρ, ὡς νῦν αἱ πολλαὶ ὑπὸ σκιαμαχούντων τε πρὸς ἀλλήλους καὶ στασιαζόντων περὶ τοῦ ἄρχειν [520d] οἰκοῦνται, ὡς μεγάλου τινὸς ἀγαθοῦ ὄντος. τὸ δέ που ἀληθὲς ὧδ' ἔχει: ἐν πόλει ᾗ ἥκιστα πρόθυμοι ἄρχειν οἱ μέλλοντες ἄρξειν, ταύτην ἄριστα καὶ ἀστασιαστότατα ἀνάγκη οἰκεῖσθαι, τὴν δ' ἐναντίους ἄρχοντας σχοῦσαν ἐναντίως.

πάνυ μὲν οὖν, ἔφη.

ἀπειθήσουσιν οὖν ἡμῖν οἴει οἱ τρόφιμοι ταῦτ' ἀκούοντες, καὶ οὐκ ἐθελήσουσιν συμπονεῖν ἐν τῇ πόλει ἕκαστοι ἐν μέρει, τὸν δὲ πολὺν χρόνον μετ' ἀλλήλων οἰκεῖν ἐν τῷ καθαρῷ; [520e]

ἀδύνατον, ἔφη: δίκαια γὰρ δὴ δικαίοις ἐπιτάξομεν. παντὸς μὴν μᾶλλον ὡς ἐπ' ἀναγκαῖον αὐτῶν ἕκαστος εἶσι τὸ ἄρχειν, τοὐναντίον τῶν νῦν ἐν ἑκάστῃ πόλει ἀρχόντων.

οὕτω γὰρ ἔχει, ἦν δ' ἐγώ, ὦ ἑταῖρε: εἰ μὲν βίον ἐξευρήσεις [521a] ἀμείνω τοῦ ἄρχειν τοῖς μέλλουσιν ἄρξειν, ἔστι σοι δυνατὴ γενέσθαι πόλις εὖ οἰκουμένη: ἐν μόνῃ γὰρ αὐτῇ ἄρξουσιν οἱ τῷ ὄντι πλούσιοι, οὐ χρυσίου ἀλλ' οὗ δεῖ τὸν εὐδαίμονα πλουτεῖν, ζωῆς ἀγαθῆς τε καὶ ἔμφρονος. εἰ δὲ πτωχοὶ καὶ πεινῶντες ἀγαθῶν ἰδίων ἐπὶ τὰ δημόσια ἴασιν, ἐντεῦθεν οἰόμενοι τἀγαθὸν δεῖν ἁρπάζειν, οὐκ ἔστι: περιμάχητον γὰρ τὸ ἄρχειν γιγνόμενον, οἰκεῖος ὢν καὶ ἔνδον ὁ τοιοῦτος πόλεμος αὐτούς τε ἀπόλλυσι καὶ τὴν ἄλλην πόλιν.

ἀληθέστατα, ἔφη. [521b]

ἔχεις οὖν, ἦν δ' ἐγώ, βίον ἄλλον τινὰ πολιτικῶν ἀρχῶν καταφρονοῦντα ἢ τὸν τῆς ἀληθινῆς φιλοσοφίας;

οὐ μὰ τὸν Δία, ἦ δ' ὅς.

ἀλλὰ μέντοι δεῖ γε μὴ ἐραστὰς τοῦ ἄρχειν ἰέναι ἐπ' αὐτό: εἰ δὲ μή, οἵ γε ἀντερασταὶ μαχοῦνται.

πῶς δ' οὔ;

τίνας οὖν ἄλλους ἀναγκάσεις ἰέναι ἐπὶ φυλακὴν τῆς πόλεως ἢ οἳ περὶ τούτων τε φρονιμώτατοι δι' ὧν ἄριστα πόλις οἰκεῖται, ἔχουσί τε τιμὰς ἄλλας καὶ βίον ἀμείνω τοῦ πολιτικοῦ;

οὐδένας ἄλλους, ἔφη. [521c]

βούλει οὖν τοῦτ' ἤδη σκοπῶμεν, τίνα τρόπον οἱ τοιοῦτοι ἐγγενήσονται, καὶ πῶς τις ἀνάξει αὐτοὺς εἰς φῶς, ὥσπερ ἐξ Ἅιδου λέγονται δή τινες εἰς θεοὺς ἀνελθεῖν;

πῶς γὰρ οὐ βούλομαι; ἔφη.

τοῦτο δή, ὡς ἔοικεν, οὐκ ὀστράκου ἂν εἴη περιστροφή, ἀλλὰ ψυχῆς περιαγωγὴ ἐκ νυκτερινῆς τινος ἡμέρας εἰς ἀληθινήν, τοῦ ὄντος οὖσαν ἐπάνοδον, ἣν δὴ φιλοσοφίαν ἀληθῆ φήσομεν εἶναι.

πάνυ μὲν οὖν.

οὐκοῦν δεῖ σκοπεῖσθαι τί τῶν μαθημάτων ἔχει τοιαύτην [521d] δύναμιν;

πῶς γὰρ οὔ;

τί ἂν οὖν εἴη, ὦ Γλαύκων, μάθημα ψυχῆς ὁλκὸν ἀπὸ τοῦ γιγνομένου ἐπὶ τὸ ὄν; τόδε δ᾽ ἐννοῶ λέγων ἅμα: οὐκ ἀθλητὰς μέντοι πολέμου ἔφαμεν τούτους ἀναγκαῖον εἶναι νέους ὄντας;

ἔφαμεν γάρ.

δεῖ ἄρα καὶ τοῦτο προσέχειν τὸ μάθημα ὃ ζητοῦμεν πρὸς ἐκείνῳ.

τὸ ποῖον;

μὴ ἄχρηστον πολεμικοῖς ἀνδράσιν εἶναι.

δεῖ μέντοι, ἔφη, εἴπερ οἷόν τε.

γυμναστικῇ μὴν καὶ μουσικῇ ἔν γε τῷ πρόσθεν ἐπαιδεύοντο [521e] ἡμῖν.

ἦν ταῦτα, ἔφη.

καὶ γυμναστικὴ μέν που περὶ γιγνόμενον καὶ ἀπολλύμενον τετεύτακεν: σώματος γὰρ αὔξης καὶ φθίσεως. ἐπιστατεῖ.

φαίνεται.

τοῦτο μὲν δὴ οὐκ ἂν εἴη ὃ ζητοῦμεν μάθημα. [522a]

οὐ γάρ.

ἀλλ᾽ ἄρα μουσικὴ ὅσην τὸ πρότερον διήλθομεν;

ἀλλ᾽ ἦν ἐκείνη γ᾽, ἔφη, ἀντίστροφος τῆς γυμναστικῆς, εἰ μέμνησαι, ἔθεσι παιδεύουσα τοὺς φύλακας, κατά τε ἁρμονίαν εὐαρμοστίαν τινά, οὐκ ἐπιστήμην, παραδιδοῦσα, καὶ κατὰ ῥυθμὸν εὐρυθμίαν, ἔν τε τοῖς λόγοις ἕτερα τούτων ἀδελφὰ ἔθη ἄττα ἔχουσα, καὶ ὅσοι μυθώδεις τῶν λόγων καὶ ὅσοι ἀληθινώτεροι ἦσαν: μάθημα δὲ πρὸς τοιοῦτόν τι [522b] ἄγον, οἷον σὺ νῦν ζητεῖς, οὐδὲν ἦν ἐν αὐτῇ.

ἀκριβέστατα, ἦν δ᾽ ἐγώ, ἀναμιμνῄσκεις με: τῷ γὰρ ὄντι τοιοῦτον οὐδὲν εἶχεν. ἀλλ᾽, ὦ δαιμόνιε Γλαύκων, τί ἂν εἴη τοιοῦτον; αἵ τε γὰρ τέχναι βάναυσοί που ἅπασαι ἔδοξαν εἶναι-

πῶς δ᾽ οὔ; καὶ μὴν τί ἔτ᾽ ἄλλο λείπεται μάθημα, μουσικῆς καὶ γυμναστικῆς καὶ τῶν τεχνῶν κεχωρισμένον;

φέρε, ἦν δ᾽ ἐγώ, εἰ μηδὲν ἔτι ἐκτὸς τούτων ἔχομεν λαβεῖν, τῶν ἐπὶ πάντα τεινόντων τι λάβωμεν.

τὸ ποῖον; [522c]

οἷον τοῦτο τὸ κοινόν, ᾧ πᾶσαι προσχρῶνται τέχναι τε καὶ διάνοιαι καὶ ἐπιστῆμαι-ὃ καὶ παντὶ ἐν πρώτοις ἀνάγκη μανθάνειν.

τὸ ποῖον; ἔφη.

τὸ φαῦλον τοῦτο, ἦν δ᾽ ἐγώ, τὸ ἕν τε καὶ τὰ δύο καὶ τὰ τρία διαγιγνώσκειν: λέγω δὲ αὐτὸ ἐν κεφαλαίῳ ἀριθμόν τε καὶ λογισμόν. ἢ οὐχ οὕτω περὶ τούτων ἔχει, ὡς πᾶσα τέχνη τε καὶ ἐπιστήμη ἀναγκάζεται αὐτῶν μέτοχος γίγνεσθαι;

καὶ μάλα, ἔφη.

οὐκοῦν, ἦν δ᾽ ἐγώ, καὶ ἡ πολεμική;

πολλή, ἔφη, ἀνάγκη. [522d]

παγγέλοιον γοῦν, ἔφην, στρατηγὸν Ἀγαμέμνονα ἐν ταῖς τραγῳδίαις Παλαμήδης ἑκάστοτε ἀποφαίνει. ἢ οὐκ ἐννενόηκας ὅτι φησὶν ἀριθμὸν εὑρὼν τάς τε τάξεις τῷ στρατοπέδῳ καταστῆσαι ἐν Ἰλίῳ καὶ ἐξαριθμῆσαι ναῦς τε καὶ τἆλλα πάντα, ὡς πρὸ τοῦ ἀναριθμήτων ὄντων καὶ τοῦ Ἀγαμέμνονος, ὡς ἔοικεν, οὐδ᾽ ὅσους πόδας εἶχεν εἰδότος, εἴπερ ἀριθμεῖν μὴ ἠπίστατο; καίτοι ποῖόν τιν᾽ αὐτὸν οἴει στρατηγὸν εἶναι;

ἄτοπόν τιν᾽, ἔφη, ἔγωγε, εἰ ἦν τοῦτ᾽ ἀληθές. [522e]

ἄλλο τι οὖν, ἦν δ᾽ ἐγώ, μάθημα ἀναγκαῖον πολεμικῷ ἀνδρὶ θήσομεν λογίζεσθαί τε καὶ ἀριθμεῖν δύνασθαι;

πάντων γ᾽, ἔφη, μάλιστα, εἰ καὶ ὁτιοῦν μέλλει τάξεων ἐπαΐειν, μᾶλλον δ᾽ εἰ καὶ ἄνθρωπος ἔσεσθαι.

ἐννοεῖς οὖν, εἶπον, περὶ τοῦτο τὸ μάθημα ὅπερ ἐγώ;

τὸ ποῖον; [523a]

κινδυνεύει τῶν πρὸς τὴν νόησιν ἀγόντων φύσει εἶναι ὧν ζητοῦμεν, χρῆσθαι δ᾽ οὐδεὶς αὐτῷ ὀρθῶς, ἑλκτικῷ ὄντι παντάπασι πρὸς οὐσίαν.

πῶς, ἔφη, λέγεις;

ἐγὼ πειράσομαι, ἦν δ᾽ ἐγώ, τό γ᾽ ἐμοὶ δοκοῦν δηλῶσαι. ἃ γὰρ διαιροῦμαι παρ᾽ ἐμαυτῷ ἀγωγά τε εἶναι οἷ λέγομεν καὶ μή, συνθεατὴς γενόμενος σύμφαθι ἢ ἄπειπε, ἵνα καὶ τοῦτο σαφέστερον ἴδωμεν εἰ ἔστιν οἷον μαντεύομαι.

δείκνυ᾽, ἔφη.

δείκνυμι δή, εἶπον, εἰ καθορᾷς, τὰ μὲν ἐν ταῖς αἰσθήσεσιν [523b] οὐ παρακαλοῦντα τὴν νόησιν εἰς ἐπίσκεψιν, ὡς ἱκανῶς ὑπὸ τῆς αἰσθήσεως κρινόμενα, τὰ δὲ παντάπασι διακελευόμενα ἐκείνην ἐπισκέψασθαι, ὡς τῆς αἰσθήσεως οὐδὲν ὑγιὲς ποιούσης.

τὰ πόρρωθεν, ἔφη, φαινόμενα δῆλον ὅτι λέγεις καὶ τὰ ἐσκιαγραφημένα.

οὐ πάνυ, ἦν δ᾽ ἐγώ, ἔτυχες οὗ λέγω.

ποῖα μήν, ἔφη, λέγεις;

τὰ μὲν οὐ παρακαλοῦντα, ἦν δ᾽ ἐγώ, ὅσα μὴ ἐκβαίνει [523c] εἰς ἐναντίαν αἴσθησιν ἅμα: τὰ δ᾽ ἐκβαίνοντα ὡς παρακαλοῦντα τίθημι, ἐπειδὰν ἡ αἴσθησις μηδὲν μᾶλλον τοῦτο ἢ τὸ ἐναντίον δηλοῖ, εἴτ᾽ ἐγγύθεν προσπίπτουσα εἴτε πόρρωθεν. ὧδε δὲ ἃ λέγω σαφέστερον εἴσῃ. οὗτοί φαμεν τρεῖς ἂν εἶεν δάκτυλοι, ὅ τε σμικρότατος καὶ ὁ δεύτερος καὶ ὁ μέσος.

πάνυ γ᾽, ἔφη.

ὡς ἐγγύθεν τοίνυν ὁρωμένους λέγοντός μου διανοοῦ. ἀλλά μοι περὶ αὐτῶν τόδε σκόπει.

τὸ ποῖον;

δάκτυλος μέν που αὐτῶν φαίνεται ὁμοίως ἕκαστος, καὶ [523d] ταύτῃ γε οὐδὲν διαφέρει, ἐάντε ἐν μέσῳ ὁρᾶται ἐάντ᾽ ἐπ᾽ ἐσχάτῳ, ἐάντε λευκὸς ἐάντε μέλας, ἐάντε παχὺς ἐάντε λεπτός, καὶ πᾶν ὅτι τοιοῦτον. ἐν πᾶσι γὰρ τούτοις οὐκ ἀναγκάζεται τῶν πολλῶν ἡ ψυχὴ τὴν νόησιν ἐπερέσθαι τί ποτ᾽ ἐστὶ δάκτυλος: οὐδαμοῦ γὰρ ἡ ὄψις αὐτῇ ἅμα ἐσήμηνεν τὸ δάκτυλον τοὐναντίον ἢ δάκτυλον εἶναι.

οὐ γὰρ οὖν, ἔφη.

οὐκοῦν, ἦν δ᾽ ἐγώ, εἰκότως τό γε τοιοῦτον νοήσεως οὐκ [523e] ἂν παρακλητικὸν οὐδ᾽ ἐγερτικὸν εἴη.

εἰκότως.

τί δὲ δή; τὸ μέγεθος αὐτῶν καὶ τὴν σμικρότητα ἡ ὄψις ἆρα ἱκανῶς ὁρᾷ, καὶ οὐδὲν αὐτῇ διαφέρει ἐν μέσῳ τινὰ αὐτῶν κεῖσθαι ἢ ἐπ᾽ ἐσχάτῳ; καὶ ὡσαύτως πάχος καὶ λεπτότητα ἢ μαλακότητα καὶ σκληρότητα ἡ ἁφή; καὶ αἱ ἄλλαι αἰσθήσεις ἆρ᾽ οὐκ ἐνδεῶς τὰ τοιαῦτα δηλοῦσιν; ἢ [524a] ὧδε ποιεῖ ἑκάστη αὐτῶν: πρῶτον μὲν ἡ ἐπὶ τῷ σκληρῷ τεταγμένη αἴσθησις ἠνάγκασται καὶ ἐπὶ τῷ μαλακῷ τετάχθαι, καὶ παραγγέλλει τῇ ψυχῇ ὡς ταὐτὸν σκληρόν τε καὶ μαλακὸν αἰσθανομένη;

οὕτως, ἔφη.

οὐκοῦν, ἦν δ᾽ ἐγώ, ἀναγκαῖον ἔν γε τοῖς τοιούτοις αὖ τὴν ψυχὴν ἀπορεῖν τί ποτε σημαίνει αὕτη ἡ αἴσθησις τὸ σκληρόν, εἴπερ τὸ αὐτὸ καὶ μαλακὸν λέγει, καὶ ἡ τοῦ κούφου καὶ ἡ τοῦ βαρέος, τί τὸ κοῦφον καὶ βαρύ, εἰ τό τε βαρὺ κοῦφον καὶ τὸ κοῦφον βαρὺ σημαίνει; [524b]

καὶ γάρ, ἔφη, αὗταί γε ἄτοποι τῇ ψυχῇ αἱ ἑρμηνεῖαι καὶ ἐπισκέψεως δέομεναι.

εἰκότως ἄρα, ἦν δ᾽ ἐγώ, ἐν τοῖς τοιούτοις πρῶτον μὲν πειρᾶται λογισμόν τε καὶ νόησιν ψυχὴ παρακαλοῦσα ἐπισκοπεῖν εἴτε ἓν εἴτε δύο ἐστὶν ἕκαστα τῶν εἰσαγγελλομένων.

πῶς δ᾽ οὔ;

οὐκοῦν ἐὰν δύο φαίνηται, ἕτερόν τε καὶ ἓν ἑκάτερον φαίνεται;

ναί.

εἰ ἄρα ἓν ἑκάτερον, ἀμφότερα δὲ δύο, τά γε δύο κεχωρισμένα [524c] νοήσει: οὐ γὰρ ἂν ἀχώριστά γε δύο ἐνόει, ἀλλ᾽ ἕν.

ὀρθῶς.

μέγα μὴν καὶ ὄψις καὶ σμικρὸν ἑώρα, φαμέν, ἀλλ᾽ οὐ κεχωρισμένον ἀλλὰ συγκεχυμένον τι. ἦ γάρ;

ναί.

διὰ δὲ τὴν τούτου σαφήνειαν μέγα αὖ καὶ σμικρὸν ἡ νόησις ἠναγκάσθη ἰδεῖν, οὐ συγκεχυμένα ἀλλὰ διωρισμένα, τοὐναντίον ἢ ᾽κείνη.

ἀληθῆ.

οὐκοῦν ἐντεῦθέν ποθεν πρῶτον ἐπέρχεται ἐρέσθαι ἡμῖν τί οὖν ποτ᾽ ἐστὶ τὸ μέγα αὖ καὶ τὸ σμικρόν;

παντάπασι μὲν οὖν.

καὶ οὕτω δὴ τὸ μὲν νοητόν, τὸ δ᾽ ὁρατὸν ἐκαλέσαμεν. [524d]

ὀρθότατ᾽, ἔφη.

ταῦτα τοίνυν καὶ ἄρτι ἐπεχείρουν λέγειν, ὡς τὰ μὲν παρακλητικὰ τῆς διανοίας ἐστί, τὰ δ᾽ οὔ, ἃ μὲν εἰς τὴν αἴσθησιν ἅμα τοῖς ἐναντίοις ἑαυτοῖς ἐμπίπτει, παρακλητικὰ ὁριζόμενος, ὅσα δὲ μή, οὐκ ἐγερτικὰ τῆς νοήσεως.

μανθάνω τοίνυν ἤδη, ἔφη, καὶ δοκεῖ μοι οὕτω.

τί οὖν; ἀριθμός τε καὶ τὸ ἓν ποτέρων δοκεῖ εἶναι;

οὐ συννοῶ, ἔφη.

ἀλλ᾽ ἐκ τῶν προειρημένων, ἔφην, ἀναλογίζου. εἰ μὲν γὰρ ἱκανῶς αὐτὸ καθ᾽ αὑτὸ ὁρᾶται ἢ ἄλλῃ τινὶ αἰσθήσει [524e] λαμβάνεται τὸ ἕν, οὐκ ἂν ὁλκὸν εἴη ἐπὶ τὴν οὐσίαν, ὥσπερ ἐπὶ τοῦ δακτύλου ἐλέγομεν: εἰ δ᾽ ἀεί τι αὐτῷ ἅμα ὁρᾶται ἐναντίωμα, ὥστε μηδὲν μᾶλλον ἓν ἢ καὶ τοὐναντίον φαίνεσθαι, τοῦ ἐπικρινοῦντος δὴ δέοι ἂν ἤδη καὶ ἀναγκάζοιτ᾽ ἂν ἐν αὐτῷ ψυχὴ ἀπορεῖν καὶ ζητεῖν, κινοῦσα ἐν ἑαυτῇ τὴν ἔννοιαν, καὶ ἀνερωτᾶν τί ποτέ ἐστιν αὐτὸ τὸ ἕν, καὶ οὕτω τῶν [525a] ἀγωγῶν ἂν εἴη καὶ μεταστρεπτικῶν ἐπὶ τὴν τοῦ ὄντος θέαν ἡ περὶ τὸ ἓν μάθησις.

ἀλλὰ μέντοι, ἔφη, τοῦτό γ᾽ ἔχει οὐχ ἥκιστα ἡ περὶ αὐτὸ ὄψις: ἅμα γὰρ ταὐτὸν ὡς ἕν τε ὁρῶμεν καὶ ὡς ἄπειρα τὸ πλῆθος.

οὐκοῦν εἴπερ τὸ ἕν, ἦν δ᾽ ἐγώ, καὶ σύμπας ἀριθμὸς ταὐτὸν πέπονθε τοῦτο;

πῶς δ᾽ οὔ;

ἀλλὰ μὴν λογιστική τε καὶ ἀριθμητικὴ περὶ ἀριθμὸν πᾶσα.

καὶ μάλα. [525b]

ταῦτα δέ γε φαίνεται ἀγωγὰ πρὸς ἀλήθειαν.

ὑπερφυῶς μὲν οὖν.

ὧν ζητοῦμεν ἄρα, ὡς ἔοικε, μαθημάτων ἂν εἴη: πολεμικῷ μὲν γὰρ διὰ τὰς τάξεις ἀναγκαῖον μαθεῖν ταῦτα, φιλοσόφῳ δὲ διὰ τὸ τῆς οὐσίας ἁπτέον εἶναι γενέσεως ἐξαναδύντι, ἢ μηδέποτε λογιστικῷ γενέσθαι.

ἔστι ταῦτ᾽, ἔφη.

ὁ δέ γε ἡμέτερος φύλαξ πολεμικός τε καὶ φιλόσοφος τυγχάνει ὤν.

τί μήν;

προσῆκον δὴ τὸ μάθημα ἂν εἴη, ὦ Γλαύκων, νομοθετῆσαι καὶ πείθειν τοὺς μέλλοντας ἐν τῇ πόλει τῶν μεγίστων [525c] μεθέξειν ἐπὶ λογιστικὴν ἰέναι καὶ ἀνθάπτεσθαι αὐτῆς μὴ ἰδιωτικῶς, ἀλλ᾽ ἕως ἂν ἐπὶ θέαν τῆς τῶν ἀριθμῶν φύσεως ἀφίκωνται τῇ νοήσει αὐτῇ, οὐκ ὠνῆς οὐδὲ πράσεως χάριν ὡς ἐμπόρους ἢ καπήλους μελετῶντας, ἀλλ᾽ ἕνεκα πολέμου τε καὶ αὐτῆς τῆς ψυχῆς ῥᾳστώνης μεταστροφῆς ἀπὸ γενέσεως ἐπ᾽ ἀλήθειάν τε καὶ οὐσίαν.

κάλλιστ᾽, ἔφη, λέγεις.

καὶ μήν, ἦν δ᾽ ἐγώ, νῦν καὶ ἐννοῶ, ῥηθέντος τοῦ περὶ [525d] τοὺς λογισμοὺς μαθήματος, ὡς κομψόν ἐστι καὶ πολλαχῇ χρήσιμον ἡμῖν πρὸς ὃ βουλόμεθα, ἐὰν τοῦ γνωρίζειν ἕνεκά τις αὐτὸ ἐπιτηδεύῃ ἀλλὰ μὴ τοῦ καπηλεύειν.

πῇ δή; ἔφη.

τοῦτό γε, ὃ νυνδὴ ἐλέγομεν, ὡς σφόδρα ἄνω ποι ἄγει τὴν ψυχὴν καὶ περὶ αὐτῶν τῶν ἀριθμῶν ἀναγκάζει διαλέγεσθαι, οὐδαμῇ ἀποδεχόμενον ἐάν τις αὐτῇ ὁρατὰ ἢ ἁπτὰ σώματα ἔχοντας ἀριθμοὺς προτεινόμενος διαλέγηται. οἶσθα γάρ που τοὺς περὶ ταῦτα δεινοὺς αὖ ὡς, ἐάν τις αὐτὸ τὸ [525e] ἓν ἐπιχειρῇ τῷ λόγῳ τέμνειν, καταγελῶσί τε καὶ οὐκ ἀποδέχονται, ἀλλ᾽ ἐὰν σὺ κερματίζῃς αὐτό, ἐκεῖνοι πολλαπλασιοῦσιν, εὐλαβούμενοι μή ποτε φανῇ τὸ ἓν μὴ ἓν ἀλλὰ πολλὰ μόρια.

ἀληθέστατα, ἔφη, λέγεις. [526a]

τί οὖν οἴει, ὦ Γλαύκων, εἴ τις ἔροιτο αὐτούς: "ὦ θαυμάσιοι, περὶ ποίων ἀριθμῶν διαλέγεσθε, ἐν οἷς τὸ ἓν οἷον ὑμεῖς ἀξιοῦτέ ἐστιν, ἴσον τε ἕκαστον πᾶν παντὶ καὶ οὐδὲ σμικρὸν διαφέρον, μόριόν τε ἔχον ἐν ἑαυτῷ οὐδέν;" τί ἂν οἴει αὐτοὺς ἀποκρίνασθαι;

τοῦτο ἔγωγε, ὅτι περὶ τούτων λέγουσιν ὧν διανοηθῆναι μόνον ἐγχωρεῖ, ἄλλως δ᾽ οὐδαμῶς μεταχειρίζεσθαι δυνατόν.

ὁρᾷς οὖν, ἦν δ᾽ ἐγώ, ὦ φίλε, ὅτι τῷ ὄντι ἀναγκαῖον [526b] ἡμῖν κινδυνεύει εἶναι τὸ μάθημα, ἐπειδὴ φαίνεταί γε προσαναγκάζον αὐτῇ τῇ νοήσει χρῆσθαι τὴν ψυχὴν ἐπ᾽ αὐτὴν τὴν ἀλήθειαν;

καὶ μὲν δή, ἔφη, σφόδρα γε ποιεῖ αὐτό.

τί δέ; τόδε ἤδη ἐπεσκέψω, ὡς οἵ τε φύσει λογιστικοὶ εἰς πάντα τὰ μαθήματα ὡς ἔπος εἰπεῖν ὀξεῖς φύονται, οἵ τε βραδεῖς, ἂν ἐν τούτῳ παιδευθῶσιν καὶ γυμνάσωνται, κἂν μηδὲν ἄλλο ὠφεληθῶσιν, ὅμως εἴς γε τὸ ὀξύτεροι αὐτοὶ αὑτῶν γίγνεσθαι πάντες ἐπιδιδόασιν;

ἔστιν, ἔφη, οὕτω. [526c]

καὶ μήν, ὡς ἐγᾦμαι, ἅ γε μείζω πόνον παρέχει μανθάνοντι καὶ μελετῶντι, οὐκ ἂν ῥᾳδίως οὐδὲ πολλὰ ἂν εὕροις ὡς τοῦτο.

οὐ γὰρ οὖν.

πάντων δὴ ἕνεκα τούτων οὐκ ἀφετέον τὸ μάθημα, ἀλλ᾽ οἱ ἄριστοι τὰς φύσεις παιδευτέοι ἐν αὐτῷ.

σύμφημι, ἦ δ᾽ ὅς.

τοῦτο μὲν τοίνυν, εἶπον, ἓν ἡμῖν κείσθω: δεύτερον δὲ τὸ ἐχόμενον τούτου σκεψώμεθα ἆρά τι προσήκει ἡμῖν.

τὸ ποῖον; ἢ γεωμετρίαν, ἔφη, λέγεις;

αὐτὸ τοῦτο, ἦν δ᾽ ἐγώ. [526d]

ὅσον μέν, ἔφη, πρὸς τὰ πολεμικὰ αὐτοῦ τείνει, δῆλον ὅτι προσήκει: πρὸς γὰρ τὰς στρατοπεδεύσεις καὶ καταλήψεις χωρίων καὶ συναγωγὰς καὶ ἐκτάσεις στρατιᾶς καὶ ὅσα δὴ ἄλλα σχηματίζουσι τὰ στρατόπεδα ἐν αὐταῖς τε ταῖς μάχαις καὶ πορείαις διαφέροι ἂν αὐτὸς αὑτοῦ γεωμετρικός τε καὶ μὴ ὤν.

ἀλλ᾽ οὖν δή, εἶπον, πρὸς μὲν τὰ τοιαῦτα καὶ βραχύ τι ἂν ἐξαρκοῖ γεωμετρίας τε καὶ λογισμῶν μόριον: τὸ δὲ πολὺ αὐτῆς καὶ πορρωτέρω προϊὸν σκοπεῖσθαι δεῖ εἴ τι πρὸς ἐκεῖνο [526e] τείνει, πρὸς τὸ ποιεῖν κατιδεῖν ῥᾷον τὴν τοῦ ἀγαθοῦ ἰδέαν. τείνει δέ, φαμέν, πάντα αὐτόσε, ὅσα ἀναγκάζει ψυχὴν εἰς ἐκεῖνον τὸν τόπον μεταστρέφεσθαι ἐν ᾧ ἐστι τὸ εὐδαιμονέστατον τοῦ ὄντος, ὃ δεῖ αὐτὴν παντὶ τρόπῳ ἰδεῖν.

ὀρθῶς, ἔφη, λέγεις.

οὐκοῦν εἰ μὲν οὐσίαν ἀναγκάζει θεάσασθαι, προσήκει, εἰ δὲ γένεσιν, οὐ προσήκει.

φαμέν γε δή. [527a]

οὐ τοίνυν τοῦτό γε, ἦν δ᾽ ἐγώ, ἀμφισβητήσουσιν ἡμῖν ὅσοι καὶ σμικρὰ γεωμετρίας ἔμπειροι, ὅτι αὕτη ἡ ἐπιστήμη πᾶν τοὐναντίον ἔχει τοῖς ἐν αὐτῇ λόγοις λεγομένοις ὑπὸ τῶν μεταχειριζομένων.

πῶς; ἔφη.

λέγουσι μέν που μάλα γελοίως τε καὶ ἀναγκαίως: ὡς γὰρ πράττοντές τε καὶ πράξεως ἕνεκα πάντας τοὺς λόγους ποιούμενοι λέγουσιν τετραγωνίζειν τε καὶ παρατείνειν καὶ προστιθέναι καὶ πάντα οὕτω φθεγγόμενοι, τὸ δ' ἔστι που [527b] πᾶν τὸ μάθημα γνώσεως ἕνεκα ἐπιτηδευόμενον.

παντάπασι μὲν οὖν, ἔφη.

οὐκοῦν τοῦτο ἔτι διομολογητέον;

τὸ ποῖον;

ὡς τοῦ ἀεὶ ὄντος γνώσεως, ἀλλὰ οὐ τοῦ ποτέ τι γιγνομένου καὶ ἀπολλυμένου.

εὐομολόγητον, ἔφη: τοῦ γὰρ ἀεὶ ὄντος ἡ γεωμετρικὴ γνῶσίς ἐστιν.

ὁλκὸν ἄρα, ὦ γενναῖε, ψυχῆς πρὸς ἀλήθειαν εἴη ἂν καὶ ἀπεργαστικὸν φιλοσόφου διανοίας πρὸς τὸ ἄνω σχεῖν ἃ νῦν κάτω οὐ δέον ἔχομεν.

ὡς οἷόν τε μάλιστα, ἔφη. [527c]

ὡς οἷόν τ' ἄρα, ἦν δ' ἐγώ, μάλιστα προστακτέον ὅπως οἱ ἐν τῇ καλλιπόλει σοι μηδενὶ τρόπῳ γεωμετρίας ἀφέξονται. καὶ γὰρ τὰ πάρεργα αὐτοῦ οὐ σμικρά.

ποῖα; ἦ δ' ὅς.

ἅ τε δὴ σὺ εἶπες, ἦν δ' ἐγώ, τὰ περὶ τὸν πόλεμον, καὶ δὴ καὶ πρὸς πάσας μαθήσεις, ὥστε κάλλιον ἀποδέχεσθαι, ἴσμεν που ὅτι τῷ ὅλῳ καὶ παντὶ διοίσει ἡμμένος τε γεωμετρίας καὶ μή.

τῷ παντὶ μέντοι νὴ Δί', ἔφη.

δεύτερον δὴ τοῦτο τιθῶμεν μάθημα τοῖς νέοις;

τιθῶμεν, ἔφη. [527d]

τί δέ; τρίτον θῶμεν ἀστρονομίαν; ἢ οὐ δοκεῖ;

ἐμοὶ γοῦν, ἔφη: τὸ γὰρ περὶ ὥρας εὐαισθητοτέρως ἔχειν καὶ μηνῶν καὶ ἐνιαυτῶν οὐ μόνον γεωργίᾳ οὐδὲ ναυτιλίᾳ προσήκει, ἀλλὰ καὶ στρατηγίᾳ οὐχ ἧττον.

ἡδὺς εἶ, ἦν δ' ἐγώ, ὅτι ἔοικας δεδιότι τοὺς πολλούς, μὴ δοκῇς ἄχρηστα μαθήματα προστάττειν. τὸ δ' ἔστιν οὐ πάνυ φαῦλον ἀλλὰ χαλεπὸν πιστεῦσαι ὅτι ἐν τούτοις τοῖς μαθήμασιν ἑκάστου ὄργανόν τι ψυχῆς ἐκκαθαίρεταί τε καὶ [527e] ἀναζωπυρεῖται ἀπολλύμενον καὶ τυφλούμενον ὑπὸ τῶν ἄλλων ἐπιτηδευμάτων, κρεῖττον ὂν σωθῆναι μυρίων ὀμμάτων: μόνῳ γὰρ αὐτῷ ἀλήθεια ὁρᾶται. οἷς μὲν οὖν ταῦτα συνδοκεῖ ἀμηχάνως ὡς εὖ δόξεις λέγειν, ὅσοι δὲ τούτου μηδαμῇ ᾐσθημένοι εἰσὶν εἰκότως ἡγήσονται σε λέγειν οὐδέν: ἄλλην γὰρ ἀπ' αὐτῶν οὐχ ὁρῶσιν ἀξίαν λόγου ὠφελίαν.

σκόπει [528a] οὖν αὐτόθεν πρὸς ποτέρους διαλέγῃ: ἢ οὐδὲ πρὸς ἑτέρους, ἀλλὰ σαυτοῦ ἕνεκα τὸ μέγιστον ποιῇ τοὺς λόγους, φθονοῖς μὴν οὐδ᾽ ἂν ἄλλῳ, εἴ τίς τι δύναιτο ἀπ᾽ αὐτῶν ὄνασθαι.

οὕτως, ἔφη, αἱροῦμαι, ἐμαυτοῦ ἕνεκα τὸ πλεῖστον λέγειν τε καὶ ἐρωτᾶν καὶ ἀποκρίνεσθαι.

ἄναγε τοίνυν, ἦν δ᾽ ἐγώ, εἰς τοὐπίσω: νυνδὴ γὰρ οὐκ ὀρθῶς τὸ ἑξῆς ἐλάβομεν τῇ γεωμετρίᾳ.

πῶς λαβόντες; ἔφη.

μετὰ ἐπίπεδον, ἦν δ᾽ ἐγώ, ἐν περιφορᾷ ὂν ἤδη στερεὸν [528b] λαβόντες, πρὶν αὐτὸ καθ᾽ αὑτὸ λαβεῖν: ὀρθῶς δὲ ἔχει ἑξῆς μετὰ δευτέραν αὔξην τρίτην λαμβάνειν. ἔστι δέ που τοῦτο περὶ τὴν τῶν κύβων αὔξην καὶ τὸ βάθους μετέχον.

ἔστι γάρ, ἔφη: ἀλλὰ ταῦτά γε, ὦ Σώκρατες, δοκεῖ οὔπω ηὑρῆσθαι.

διττὰ γάρ, ἦν δ᾽ ἐγώ, τὰ αἴτια: ὅτι τε οὐδεμία πόλις ἐντίμως αὐτὰ ἔχει, ἀσθενῶς ζητεῖται χαλεπὰ ὄντα, ἐπιστάτου τε δέονται οἱ ζητοῦντες, ἄνευ οὗ οὐκ ἂν εὕροιεν, ὃν πρῶτον μὲν γενέσθαι χαλεπόν, ἔπειτα καὶ γενομένου, ὡς νῦν ἔχει, [528c] οὐκ ἂν πείθοιντο οἱ περὶ ταῦτα ζητητικοὶ μεγαλοφρονούμενοι. εἰ δὲ πόλις ὅλη συνεπιστατοῖ ἐντίμως ἄγουσα αὐτά, οὗτοί τε ἂν πείθοιντο καὶ συνεχῶς τε ἂν καὶ ἐντόνως ζητούμενα ἐκφανῆ γένοιτο ὅπῃ ἔχει: ἐπεὶ καὶ νῦν ὑπὸ τῶν πολλῶν ἀτιμαζόμενα καὶ κολουόμενα, ὑπὸ δὲ τῶν ζητούντων λόγον οὐκ ἐχόντων καθ᾽ ὅτι χρήσιμα, ὅμως πρὸς ἅπαντα ταῦτα βίᾳ ὑπὸ χάριτος αὐξάνεται, καὶ οὐδὲν θαυμαστὸν αὐτὰ φανῆναι. [528d]

καὶ μὲν δή, ἔφη, τό γε ἐπίχαρι καὶ διαφερόντως ἔχει. ἀλλά μοι σαφέστερον εἰπὲ ἃ νυνδὴ ἔλεγες. τὴν μὲν γάρ που τοῦ ἐπιπέδου πραγματείαν γεωμετρίαν ἐτίθεις.

ναί, ἦν δ᾽ ἐγώ.

εἶτά γ᾽, ἔφη, τὸ μὲν πρῶτον ἀστρονομίαν μετὰ ταύτην, ὕστερον δ᾽ ἀνεχώρησας.

σπεύδων γάρ, ἔφην, ταχὺ πάντα διεξελθεῖν μᾶλλον βραδύνω: ἑξῆς γὰρ οὖσαν τὴν βάθους αὔξης μέθοδον, ὅτι τῇ ζητήσει γελοίως ἔχει, ὑπερβὰς αὐτὴν μετὰ γεωμετρίαν [528e] ἀστρονομίαν ἔλεγον, φορὰν οὖσαν βάθους.

ὀρθῶς, ἔφη, λέγεις.

τέταρτον τοίνυν, ἦν δ᾽ ἐγώ, τιθῶμεν μάθημα ἀστρονομίαν, ὡς ὑπαρχούσης τῆς νῦν παραλειπομένης, ἐὰν αὐτὴν πόλις μετίῃ.

εἰκός, ἦ δ᾽ ὅς. καὶ ὅ γε νυνδή μοι, ὦ Σώκρατες, ἐπέπληξας περὶ ἀστρονομίας ὡς φορτικῶς ἐπαινοῦντι, νῦν ᾗ σὺ μετέρχῃ [529a] ἐπαινῶ:

παντὶ γάρ μοι δοκεῖ δῆλον ὅτι αὕτη γε ἀναγκάζει ψυχὴν εἰς τὸ ἄνω ὁρᾶν καὶ ἀπὸ τῶν ἐνθένδε ἐκεῖσε ἄγει.

ἴσως, ἦν δ᾽ ἐγώ, παντὶ δῆλον πλὴν ἐμοί: ἐμοὶ γὰρ οὐ δοκεῖ οὕτως.

ἀλλὰ πῶς; ἔφη.

ὡς μὲν νῦν αὐτὴν μεταχειρίζονται οἱ εἰς φιλοσοφίαν ἀνάγοντες, πάνυ ποιεῖν κάτω βλέπειν.

πῶς, ἔφη, λέγεις;

οὐκ ἀγεννῶς μοι δοκεῖς, ἦν δ᾽ ἐγώ, τὴν περὶ τὰ ἄνω μάθησιν λαμβάνειν παρὰ σαυτῷ ἥ ἐστι: κινδυνεύεις γὰρ [529b] καὶ εἴ τις ἐν ὀροφῇ ποικίλματα θεώμενος ἀνακύπτων καταμανθάνοι τι, ἡγεῖσθαι ἂν αὐτὸν νοήσει ἀλλ᾽ οὐκ ὄμμασι θεωρεῖν. ἴσως οὖν καλῶς ἡγῇ, ἐγὼ δ᾽ εὐηθικῶς. ἐγὼ γὰρ αὖ οὐ δύναμαι ἄλλο τι νομίσαι ἄνω ποιοῦν ψυχὴν βλέπειν μάθημα ἢ ἐκεῖνο ὃ ἂν περὶ τὸ ὄν τε ᾖ καὶ τὸ ἀόρατον, ἐάν τέ τις ἄνω κεχηνὼς ἢ κάτω συμμεμυκὼς τῶν αἰσθητῶν τι ἐπιχειρῇ μανθάνειν, οὔτε μαθεῖν ἄν ποτέ φημι αὐτόν--ἐπιστήμην [529c] γὰρ οὐδὲν ἔχειν τῶν τοιούτων-οὔτε ἄνω ἀλλὰ κάτω αὐτοῦ βλέπειν τὴν ψυχήν, κἂν ἐξ ὑπτίας νέων ἐν γῇ ἢ ἐν θαλάττῃ μανθάνῃ.

δίκην, ἔφη, ἔχω: ὀρθῶς γάρ μοι ἐπέπληξας. ἀλλὰ πῶς δὴ ἔλεγες δεῖν ἀστρονομίαν μανθάνειν παρὰ ἃ νῦν μανθάνουσιν, εἰ μέλλοιεν ὠφελίμως πρὸς ἃ λέγομεν μαθήσεσθαι;

ὧδε, ἦν δ᾽ ἐγώ. ταῦτα μὲν τὰ ἐν τῷ οὐρανῷ ποικίλματα, ἐπείπερ ἐν ὁρατῷ πεποίκιλται, κάλλιστα μὲν ἡγεῖσθαι καὶ [529d] ἀκριβέστατα τῶν τοιούτων ἔχειν, τῶν δὲ ἀληθινῶν πολὺ ἐνδεῖν, ἃς τὸ ὂν τάχος καὶ ἡ οὖσα βραδυτὴς ἐν τῷ ἀληθινῷ ἀριθμῷ καὶ πᾶσι τοῖς ἀληθέσι σχήμασι φοράς τε πρὸς ἄλληλα φέρεται καὶ τὰ ἐνόντα φέρει, ἃ δὴ λόγῳ μὲν καὶ διανοίᾳ ληπτά, ὄψει δ᾽ οὔ: ἢ σὺ οἴει;

οὐδαμῶς γε, ἔφη.

οὐκοῦν, εἶπον, τῇ περὶ τὸν οὐρανὸν ποικιλίᾳ παραδείγμασι χρηστέον τῆς πρὸς ἐκεῖνα μαθήσεως ἕνεκα, ὁμοίως ὥσπερ ἂν [529e] εἴ τις ἐντύχοι ὑπὸ Δαιδάλου ἤ τινος ἄλλου δημιουργοῦ ἢ γραφέως διαφερόντως γεγραμμένοις καὶ ἐκπεπονημένοις διαγράμμασιν. ἡγήσαιτο γὰρ ἄν πού τις ἔμπειρος γεωμετρίας, ἰδὼν τὰ τοιαῦτα, κάλλιστα μὲν ἔχειν ἀπεργασίᾳ, γελοῖον μὴν ἐπισκοπεῖν αὐτὰ σπουδῇ ὡς τὴν ἀλήθειαν ἐν αὐτοῖς ληψόμενον [530a] ἴσων ἢ διπλασίων ἢ ἄλλης τινὸς συμμετρίας.

τί δ᾽ οὐ μέλλει γελοῖον εἶναι; ἔφη.

τῷ ὄντι δὴ ἀστρονομικόν, ἦν δ᾽ ἐγώ, ὄντα οὐκ οἴει ταὐτὸν πείσεσθαι εἰς τὰς τῶν ἄστρων φορὰς ἀποβλέποντα; νομιεῖν μὲν ὡς οἷόν τε κάλλιστα τὰ τοιαῦτα ἔργα συστήσασθαι, οὕτω συνεστάναι τῷ τοῦ οὐρανοῦ δημιουργῷ αὐτόν τε καὶ τὰ ἐν αὐτῷ: τὴν δὲ νυκτὸς πρὸς ἡμέραν συμμετρίαν καὶ τούτων πρὸς μῆνα καὶ μηνὸς πρὸς ἐνιαυτὸν καὶ τῶν ἄλλων ἄστρων [530b] πρός τε ταῦτα καὶ πρὸς ἄλληλα, οὐκ ἄτοπον, οἴει, ἡγήσεται τὸν νομίζοντα γίγνεσθαί τε ταῦτα ἀεὶ ὡσαύτως καὶ οὐδαμῇ οὐδὲν παραλλάττειν, σῶμά τε ἔχοντα καὶ ὁρώμενα, καὶ ζητεῖν παντὶ τρόπῳ τὴν ἀλήθειαν αὐτῶν λαβεῖν;

ἐμοὶ γοῦν δοκεῖ, ἔφη, σοῦ νῦν ἀκούοντι.

προβλήμασιν ἄρα, ἦν δ᾽ ἐγώ, χρώμενοι ὥσπερ γεωμετρίαν οὕτω καὶ ἀστρονομίαν μέτιμεν, τὰ δ᾽ ἐν τῷ οὐρανῷ ἐάσομεν, εἰ μέλλομεν ὄντως ἀστρονομίας μεταλαμβάνοντες χρήσιμον [530c] τὸ φύσει φρόνιμον ἐν τῇ ψυχῇ ἐξ ἀχρήστου ποιήσειν.

ἦ πολλαπλάσιον, ἔφη, τὸ ἔργον ἢ ὡς νῦν ἀστρονομεῖται προστάττεις.

οἶμαι δέ γε, εἶπον, καὶ τἆλλα κατὰ τὸν αὐτὸν τρόπον προστάξειν ἡμᾶς, ἐάν τι ἡμῶν ὡς νομοθετῶν ὄφελος ᾖ. ἀλλὰ γάρ τι ἔχεις ὑπομνῆσαι τῶν προσηκόντων μαθημάτων;

οὐκ ἔχω, ἔφη, νῦν γ᾽ οὑτωσί.

οὐ μὴν ἕν, ἀλλὰ πλείω, ἦν δ᾽ ἐγώ, εἴδη παρέχεται ἡ φορά, [530d] ὡς ἐγᾦμαι. τὰ μὲν οὖν πάντα ἴσως ὅστις σοφὸς ἕξει εἰπεῖν: ἃ δὲ καὶ ἡμῖν προφανῆ, δύο.

ποῖα δή;

πρὸς τούτῳ, ἦν δ᾽ ἐγώ, ἀντίστροφον αὐτοῦ.

τὸ ποῖον;

κινδυνεύει, ἔφην, ὡς πρὸς ἀστρονομίαν ὄμματα πέπηγεν, ὣς πρὸς ἐναρμόνιον φορὰν ὦτα παγῆναι, καὶ αὗται ἀλλήλων ἀδελφαί τινες αἱ ἐπιστῆμαι εἶναι, ὡς οἵ τε Πυθαγόρειοί φασι καὶ ἡμεῖς, ὦ Γλαύκων, συγχωροῦμεν. ἢ πῶς ποιοῦμεν;

οὕτως, ἔφη. [530e]

οὐκοῦν, ἦν δ᾽ ἐγώ, ἐπειδὴ πολὺ τὸ ἔργον, ἐκείνων πευσόμεθα πῶς λέγουσι περὶ αὐτῶν καὶ εἴ τι ἄλλο πρὸς τούτοις: ἡμεῖς δὲ παρὰ πάντα ταῦτα φυλάξομεν τὸ ἡμέτερον.

ποῖον;

μή ποτ᾽ αὐτῶν τι ἀτελὲς ἐπιχειρῶσιν ἡμῖν μανθάνειν οὓς θρέψομεν, καὶ οὐκ ἐξῆκον ἐκεῖσε ἀεί, οἷ πάντα δεῖ ἀφήκειν, οἷον ἄρτι περὶ τῆς ἀστρονομίας ἐλέγομεν. ἢ οὐκ οἶσθ᾽ ὅτι [531a] καὶ περὶ ἁρμονίας ἕτερον τοιοῦτον ποιοῦσι; τὰς γὰρ ἀκουομένας αὖ συμφωνίας καὶ φθόγγους ἀλλήλοις ἀναμετροῦντες ἀνήνυτα, ὥσπερ οἱ ἀστρονόμοι, πονοῦσιν.

νὴ τοὺς θεούς, ἔφη, καὶ γελοίως γε, πυκνώματ' ἄττα ὀνομάζοντες καὶ παραβάλλοντες τὰ ὦτα, οἷον ἐκ γειτόνων φωνὴν θηρευόμενοι, οἱ μέν φασιν ἔτι κατακούειν ἐν μέσῳ τινὰ ἠχὴν καὶ σμικρότατον εἶναι τοῦτο διάστημα, ᾧ μετρητέον, οἱ δὲ ἀμφισβητοῦντες ὡς ὅμοιον ἤδη φθεγγομένων, ἀμφότεροι [531b] ὦτα τοῦ νοῦ προστησάμενοι.

σὺ μέν, ἦν δ' ἐγώ, τοὺς χρηστοὺς λέγεις τοὺς ταῖς χορδαῖς πράγματα παρέχοντας καὶ βασανίζοντας, ἐπὶ τῶν κολλόπων στρεβλοῦντας: ἵνα δὲ μὴ μακροτέρα ἡ εἰκὼν γίγνηται πλήκτρῳ τε πληγῶν γιγνομένων καὶ κατηγορίας πέρι καὶ ἐξαρνήσεως καὶ ἀλαζονείας χορδῶν, παύομαι τῆς εἰκόνος καὶ οὔ φημι τούτους λέγειν, ἀλλ' ἐκείνους οὓς ἔφαμεν νυνδὴ περὶ ἁρμονίας ἐρήσεσθαι. ταὐτὸν γὰρ ποιοῦσι τοῖς ἐν τῇ [531c] ἀστρονομίᾳ: τοὺς γὰρ ἐν ταύταις ταῖς συμφωνίαις ταῖς ἀκουομέναις ἀριθμοὺς ζητοῦσιν, ἀλλ' οὐκ εἰς προβλήματα ἀνίασιν, ἐπισκοπεῖν τίνες σύμφωνοι ἀριθμοὶ καὶ τίνες οὔ, καὶ διὰ τί ἑκάτεροι.

δαιμόνιον γάρ, ἔφη, πρᾶγμα λέγεις.

χρήσιμον μὲν οὖν, ἦν δ' ἐγώ, πρὸς τὴν τοῦ καλοῦ τε καὶ ἀγαθοῦ ζήτησιν, ἄλλως δὲ μεταδιωκόμενον ἄχρηστον.

εἰκός γ', ἔφη.

οἶμαι δέ γε, ἦν δ' ἐγώ, καὶ ἡ τούτων πάντων ὧν διεληλύθαμεν [531d] μέθοδος ἐὰν μὲν ἐπὶ τὴν ἀλλήλων κοινωνίαν ἀφίκηται καὶ συγγένειαν, καὶ συλλογισθῇ ταῦτα ᾗ ἐστὶν ἀλλήλοις οἰκεῖα, φέρειν τι αὐτῶν εἰς ἃ βουλόμεθα τὴν πραγματείαν καὶ οὐκ ἀνόνητα πονεῖσθαι, εἰ δὲ μή, ἀνόνητα.

καὶ ἐγώ, ἔφη, οὕτω μαντεύομαι. ἀλλὰ πάμπολυ ἔργον λέγεις, ὦ Σώκρατες.

τοῦ προοιμίου, ἦν δ' ἐγώ, ἢ τίνος λέγεις; ἢ οὐκ ἴσμεν ὅτι πάντα ταῦτα προοίμιά ἐστιν αὐτοῦ τοῦ νόμου ὃν δεῖ μαθεῖν; οὐ γάρ που δοκοῦσί γέ σοι οἱ ταῦτα δεινοὶ διαλεκτικοὶ [531e] εἶναι.

οὐ μὰ τὸν Δί', ἔφη, εἰ μὴ μάλα γέ τινες ὀλίγοι ὧν ἐγὼ ἐντετύχηκα.

ἀλλὰ δή, εἶπον, μὴ δυνατοὶ οἵτινες δοῦναί τε καὶ ἀποδέξασθαι λόγον εἴσεσθαί ποτέ τι ὧν φαμεν δεῖν εἰδέναι;

οὐδ' αὖ, ἔφη, τοῦτό γε. [532a]

οὐκοῦν, εἶπον, ὦ Γλαύκων, οὗτος ἤδη αὐτός ἐστιν ὁ νόμος ὃν τὸ διαλέγεσθαι περαίνει; ὃν καὶ ὄντα νοητὸν μιμοῖτ' ἂν ἡ τῆς ὄψεως δύναμις, ἣν ἐλέγομεν πρὸς αὐτὰ ἤδη τὰ ζῷα ἐπιχειρεῖν ἀποβλέπειν καὶ πρὸς αὐτὰ <τὰ> ἄστρα τε καὶ τελευταῖον δὴ πρὸς αὐτὸν τὸν ἥλιον. οὕτω καὶ ὅταν τις τῷ διαλέγεσθαι ἐπιχειρῇ ἄνευ πασῶν τῶν αἰσθήσεων διὰ τοῦ λόγου ἐπ' αὐτὸ ὃ ἔστιν ἕκαστον ὁρμᾶν, καὶ μὴ ἀποστῇ πρὶν [532b] ἂν αὐτὸ ὃ ἔστιν ἀγαθὸν αὐτῇ νοήσει λάβῃ, ἐπ᾽ αὐτῷ γίγνεται τῷ τοῦ νοητοῦ τέλει, ὥσπερ ἐκεῖνος τότε ἐπὶ τῷ τοῦ ὁρατοῦ.

παντάπασι μὲν οὖν, ἔφη.

τί οὖν; οὐ διαλεκτικὴν ταύτην τὴν πορείαν καλεῖς;

τί μήν;

ἡ δέ γε, ἦν δ᾽ ἐγώ, λύσις τε ἀπὸ τῶν δεσμῶν καὶ μεταστροφὴ ἀπὸ τῶν σκιῶν ἐπὶ τὰ εἴδωλα καὶ τὸ φῶς καὶ ἐκ τοῦ καταγείου εἰς τὸν ἥλιον ἐπάνοδος, καὶ ἐκεῖ πρὸς μὲν τὰ ζῷά τε καὶ φυτὰ καὶ τὸ τοῦ ἡλίου φῶς ἔτι ἀδυναμία [532c] βλέπειν, πρὸς δὲ τὰ ἐν ὕδασι φαντάσματα θεῖα καὶ σκιὰς τῶν ὄντων, ἀλλ᾽ οὐκ εἰδώλων σκιὰς δι᾽ ἑτέρου τοιούτου φωτὸς ὡς πρὸς ἥλιον κρίνειν ἀποσκιαζομένας-πᾶσα αὕτη ἡ πραγματεία τῶν τεχνῶν ἃς διήλθομεν ταύτην ἔχει τὴν δύναμιν καὶ ἐπαναγωγὴν τοῦ βελτίστου ἐν ψυχῇ πρὸς τὴν τοῦ ἀρίστου ἐν τοῖς οὖσι θέαν, ὥσπερ τότε τοῦ σαφεστάτου ἐν σώματι πρὸς τὴν τοῦ φανοτάτου ἐν τῷ σωματοειδεῖ τε καὶ [532d] ὁρατῷ τόπῳ.

ἐγὼ μέν, ἔφη, ἀποδέχομαι οὕτω. καίτοι παντάπασί γέ μοι δοκεῖ χαλεπὰ μὲν ἀποδέχεσθαι εἶναι, ἄλλον δ᾽ αὖ τρόπον χαλεπὰ μὴ ἀποδέχεσθαι. ὅμως δέ-οὐ γὰρ ἐν τῷ νῦν παρόντι μόνον ἀκουστέα, ἀλλὰ καὶ αὖθις πολλάκις ἐπανιτέον -ταῦτα θέντες ἔχειν ὡς νῦν λέγεται, ἐπ᾽ αὐτὸν δὴ τὸν νόμον ἴωμεν, καὶ διέλθωμεν οὕτως ὥσπερ τὸ προοίμιον διήλθομεν. λέγε οὖν τίς ὁ τρόπος τῆς τοῦ διαλέγεσθαι δυνάμεως, καὶ [532e] κατὰ ποῖα δὴ εἴδη διέστηκεν, καὶ τίνες αὖ ὁδοί: αὗται γὰρ ἂν ἤδη, ὡς ἔοικεν, αἱ πρὸς αὐτὸ ἄγουσαι εἶεν, οἷ ἀφικομένῳ ὥσπερ ὁδοῦ ἀνάπαυλα ἂν εἴη καὶ τέλος τῆς πορείας. [533a]

οὐκέτ᾽, ἦν δ᾽ ἐγώ, ὦ φίλε Γλαύκων, οἷός τ᾽ ἔσῃ ἀκολουθεῖν-ἐπεὶ τό γ᾽ ἐμὸν οὐδὲν ἂν προθυμίας ἀπολίποι-οὐδ᾽ εἰκόνα ἂν ἔτι οὗ λέγομεν ἴδοις, ἀλλ᾽ αὐτὸ τὸ ἀληθές, ὅ γε δή μοι φαίνεται-εἰ δ᾽ ὄντως ἢ μή, οὐκέτ᾽ ἄξιον τοῦτο διισχυρίζεσθαι: ἀλλ᾽ ὅτι μὲν δὴ τοιοῦτόν τι ἰδεῖν, ἰσχυριστέον. ἦ γάρ;

τί μήν;

οὐκοῦν καὶ ὅτι ἡ τοῦ διαλέγεσθαι δύναμις μόνη ἂν φήνειεν ἐμπείρῳ ὄντι ὧν νυνδὴ διήλθομεν, ἄλλῃ δὲ οὐδαμῇ δυνατόν;

καὶ τοῦτ᾽, ἔφη, ἄξιον διισχυρίζεσθαι. [533b]

τόδε γοῦν, ἦν δ᾽ ἐγώ, οὐδεὶς ἡμῖν ἀμφισβητήσει λέγουσιν, ὡς αὐτοῦ γε ἑκάστου πέρι ὃ ἔστιν ἕκαστον ἄλλη τις ἐπιχειρεῖ μέθοδος ὁδῷ περὶ παντὸς λαμβάνειν. ἀλλ᾽ αἱ μὲν ἄλλαι πᾶσαι τέχναι ἢ πρὸς δόξας ἀνθρώπων καὶ ἐπιθυμίας εἰσὶν ἢ πρὸς γενέσεις τε καὶ συνθέσεις, ἢ πρὸς θεραπείαν τῶν φυομένων τε καὶ συντιθεμένων ἅπασαι τετράφαται: αἱ δὲ λοιπαί, ἃς τοῦ ὄντος τι ἔφαμεν ἐπιλαμβάνεσθαι, γεωμετρίας τε καὶ τὰς ταύτῃ ἑπομένας, ὁρῶμεν ὡς ὀνειρώττουσι μὲν [533c] περὶ τὸ ὄν, ὕπαρ δὲ ἀδύνατον αὐταῖς ἰδεῖν, ἕως ἂν ὑποθέσεσι χρώμεναι ταύτας ἀκινήτους ἐῶσι, μὴ δυνάμεναι λόγον διδόναι αὐτῶν. ᾧ γὰρ ἀρχὴ μὲν ὃ μὴ οἶδε, τελευτὴ δὲ καὶ τὰ μεταξὺ ἐξ οὗ μὴ οἶδεν συμπέπλεκται, τίς μηχανὴ τὴν τοιαύτην ὁμολογίαν ποτὲ ἐπιστήμην γενέσθαι;

οὐδεμία, ἦ δ' ὅς.

οὐκοῦν, ἦν δ' ἐγώ, ἡ διαλεκτικὴ μέθοδος μόνη ταύτῃ πορεύεται, τὰς ὑποθέσεις ἀναιροῦσα, ἐπ' αὐτὴν τὴν ἀρχὴν [533d] ἵνα βεβαιώσηται, καὶ τῷ ὄντι ἐν βορβόρῳ βαρβαρικῷ τινι τὸ τῆς ψυχῆς ὄμμα κατορωρυγμένον ἠρέμα ἕλκει καὶ ἀνάγει ἄνω, συνερίθοις καὶ συμπεριαγωγοῖς χρωμένη αἷς διήλθομεν τέχναις: ἃς ἐπιστήμας μὲν πολλάκις προσείπομεν διὰ τὸ ἔθος, δέονται δὲ ὀνόματος ἄλλου, ἐναργεστέρου μὲν ἢ δόξης, ἀμυδροτέρου δὲ ἢ ἐπιστήμης-διάνοιαν δὲ αὐτὴν ἔν γε τῷ πρόσθεν που ὡρισάμεθα-ἔστι δ', ὡς ἐμοὶ δοκεῖ, οὐ περὶ [533e] ὀνόματος ἀμφισβήτησις, οἷς τοσούτων πέρι σκέψις ὅσων ἡμῖν πρόκειται.

οὐ γὰρ οὖν, ἔφη.

ἀλλ' ὃ ἂν μόνον δηλοῖ πως τὴν ἕξιν σαφηνείᾳ λέγειν ἐν ψυχῇ <ἀρκέσει;

ναί.>

ἀρκέσει οὖν, ἦν δ' ἐγώ, ὥσπερ τὸ πρότερον, τὴν μὲν πρώτην μοῖραν ἐπιστήμην καλεῖν, δευτέραν δὲ διάνοιαν, τρίτην [534a] δὲ πίστιν καὶ εἰκασίαν τετάρτην: καὶ συναμφότερα μὲν ταῦτα δόξαν, συναμφότερα δ' ἐκεῖνα νόησιν: καὶ δόξαν μὲν περὶ γένεσιν, νόησιν δὲ περὶ οὐσίαν: καὶ ὅτι οὐσία πρὸς γένεσιν, νόησιν πρὸς δόξαν, καὶ ὅτι νόησις πρὸς δόξαν, ἐπιστήμην πρὸς πίστιν καὶ διάνοιαν πρὸς εἰκασίαν: τὴν δ' ἐφ' οἷς ταῦτα ἀναλογίαν καὶ διαίρεσιν διχῇ ἑκατέρου, δοξαστοῦ τε καὶ νοητοῦ, ἐῶμεν, ὦ Γλαύκων, ἵνα μὴ ἡμᾶς πολλαπλασίων λόγων ἐμπλήσῃ ἢ ὅσων οἱ παρεληλυθότες. [534b]

ἀλλὰ μὴν ἔμοιγ', ἔφη, τά γε ἄλλα, καθ' ὅσον δύναμαι ἕπεσθαι, συνδοκεῖ.

ἦ καὶ διαλεκτικὸν καλεῖς τὸν λόγον ἑκάστου λαμβάνοντα τῆς οὐσίας; καὶ τὸν μὴ ἔχοντα, καθ' ὅσον ἂν μὴ ἔχῃ λόγον αὑτῷ τε καὶ ἄλλῳ διδόναι, κατὰ τοσοῦτον νοῦν περὶ τούτου οὐ φήσεις ἔχειν;

πῶς γὰρ ἄν, ἦ δ' ὅς, φαίην;

οὐκοῦν καὶ περὶ τοῦ ἀγαθοῦ ὡσαύτως: ὃς ἂν μὴ ἔχῃ διορίσασθαι τῷ λόγῳ ἀπὸ τῶν ἄλλων πάντων ἀφελὼν τὴν [534c] τοῦ ἀγαθοῦ ἰδέαν, καὶ ὥσπερ ἐν μάχῃ διὰ πάντων ἐλέγχων διεξιών, μὴ κατὰ δόξαν ἀλλὰ κατ' οὐσίαν προθυμούμενος ἐλέγχειν, ἐν πᾶσι τούτοις ἀπτῶτι τῷ λόγῳ διαπορεύηται, οὔτε αὐτὸ τὸ ἀγαθὸν φήσεις εἰδέναι τὸν οὕτως ἔχοντα οὔτε ἄλλο ἀγαθὸν οὐδέν, ἀλλ' εἴ πῃ εἰδώλου τινὸς ἐφάπτεται, δόξῃ, οὐκ ἐπιστήμῃ ἐφάπτεσθαι, καὶ τὸν νῦν βίον ὀνειροπολοῦντα καὶ ὑπνώττοντα, πρὶν ἐνθάδ' ἐξεγρέσθαι, εἰς Ἅιδου [534d] πρότερον ἀφικόμενον τελέως ἐπικαταδαρθεῖν;

νὴ τὸν Δία, ἦ δ' ὅς, σφόδρα γε πάντα ταῦτα φήσω.

ἀλλὰ μὴν τούς γε σαυτοῦ παῖδας, οὓς τῷ λόγῳ τρέφεις τε καὶ παιδεύεις, εἴ ποτε ἔργῳ τρέφοις, οὐκ ἂν ἐάσαις, ὡς ἐγᾦμαι, ἀλόγους ὄντας ὥσπερ γραμμάς, ἄρχοντας ἐν τῇ πόλει κυρίους τῶν μεγίστων εἶναι.

οὐ γὰρ οὖν, ἔφη.

νομοθετήσεις δὴ αὐτοῖς ταύτης μάλιστα τῆς παιδείας ἀντιλαμβάνεσθαι, ἐξ ἧς ἐρωτᾶν τε καὶ ἀποκρίνεσθαι ἐπιστημονέστατα οἷοί τ' ἔσονται; [534e]

νομοθετήσω, ἔφη, μετά γε σοῦ.

ἆρ' οὖν δοκεῖ σοι, ἔφην ἐγώ, ὥσπερ θριγκὸς τοῖς μαθήμασιν ἡ διαλεκτικὴ ἡμῖν ἐπάνω κεῖσθαι, καὶ οὐκέτ' ἄλλο τούτου μάθημα ἀνωτέρω ὀρθῶς ἂν ἐπιτίθεσθαι, ἀλλ' ἔχειν [535a] ἤδη τέλος τὰ τῶν μαθημάτων;

ἔμοιγ', ἔφη.

διανομὴ τοίνυν, ἦν δ' ἐγώ, τὸ λοιπόν σοι, τίσιν ταῦτα τὰ μαθήματα δώσομεν καὶ τίνα τρόπον.

δῆλον, ἔφη.

μέμνησαι οὖν τὴν προτέραν ἐκλογὴν τῶν ἀρχόντων, οἵους ἐξελέξαμεν;

πῶς γάρ, ἦ δ' ὅς, οὔ;

τὰ μὲν ἄλλα τοίνυν, ἦν δ' ἐγώ, ἐκείνας τὰς φύσεις οἴου δεῖν ἐκλεκτέας εἶναι: τούς τε γὰρ βεβαιοτάτους καὶ τοὺς ἀνδρειοτάτους προαιρετέον, καὶ κατὰ δύναμιν τοὺς εὐειδεστάτους: [535b] πρὸς δὲ τούτοις ζητητέον μὴ μόνον γενναίους τε καὶ βλοσυροὺς τὰ ἤθη, ἀλλὰ καὶ ἃ τῇδε τῇ παιδείᾳ τῆς φύσεως πρόσφορα ἑκτέον αὐτοῖς.

ποῖα δὴ διαστέλλῃ;

δριμύτητα, ὦ μακάριε, ἔφην, δεῖ αὐτοῖς πρὸς τὰ μαθήματα ὑπάρχειν, καὶ μὴ χαλεπῶς μανθάνειν. πολὺ γάρ τοι μᾶλλον ἀποδειλιῶσι ψυχαὶ ἐν ἰσχυροῖς μαθήμασιν ἢ ἐν γυμνασίοις: οἰκειότερος γὰρ αὐταῖς ὁ πόνος, ἴδιος ἀλλ' οὐ κοινὸς ὢν μετὰ τοῦ σώματος.

ἀληθῆ, ἔφη. [535c]

καὶ μνήμονα δὴ καὶ ἄρρατον καὶ πάντῃ φιλόπονον ζητητέον. ἢ τίνι τρόπῳ οἴει τά τε τοῦ σώματος ἐθελήσειν τινὰ διαπονεῖν καὶ τοσαύτην μάθησίν τε καὶ μελέτην ἐπιτελεῖν;

οὐδένα, ἦ δ᾽ ὅς, ἐὰν μὴ παντάπασί γ᾽ ᾖ εὐφυής.

τὸ γοῦν νῦν ἁμάρτημα, ἦν δ᾽ ἐγώ, καὶ ἡ ἀτιμία φιλοσοφίᾳ διὰ ταῦτα προσπέπτωκεν, ὃ καὶ πρότερον εἴπομεν, ὅτι οὐ κατ᾽ ἀξίαν αὐτῆς ἅπτονται: οὐ γὰρ νόθους ἔδει ἅπτεσθαι, ἀλλὰ γνησίους.

πῶς; ἔφη. [535d]

πρῶτον μέν, εἶπον, φιλοπονίᾳ οὐ χωλὸν δεῖ εἶναι τὸν ἁψόμενον, τὰ μὲν ἡμίσεα φιλόπονον ὄντα, τὰ δ᾽ ἡμίσεα ἄπονον. ἔστι δὲ τοῦτο, ὅταν τις φιλογυμναστὴς μὲν καὶ φιλόθηρος ᾖ καὶ πάντα τὰ διὰ τοῦ σώματος φιλοπονῇ, φιλομαθὴς δὲ μή, μηδὲ φιλήκοος μηδὲ ζητητικός, ἀλλ᾽ ἐν πᾶσι τούτοις μισοπονῇ: χωλὸς δὲ καὶ ὁ τἀναντία τούτου μεταβεβληκὼς τὴν φιλοπονίαν.

ἀληθέστατα, ἔφη, λέγεις.

οὐκοῦν καὶ πρὸς ἀλήθειαν, ἦν δ᾽ ἐγώ, ταὐτὸν τοῦτο ἀνάπηρον [535e] ψυχὴν θήσομεν, ἣ ἂν τὸ μὲν ἑκούσιον ψεῦδος μισῇ καὶ χαλεπῶς φέρῃ αὐτή τε καὶ ἑτέρων ψευδομένων ὑπεραγανακτῇ, τὸ δ᾽ ἀκούσιον εὐκόλως προσδέχηται καὶ ἀμαθαίνουσά που ἁλισκομένη μὴ ἀγανακτῇ, ἀλλ᾽ εὐχερῶς ὥσπερ θηρίον ὕειον ἐν ἀμαθίᾳ μολύνηται; [536a]

παντάπασι μὲν οὖν, ἔφη.

καὶ πρὸς σωφροσύνην, ἦν δ᾽ ἐγώ, καὶ ἀνδρείαν καὶ μεγαλοπρέπειαν καὶ πάντα τὰ τῆς ἀρετῆς μέρη οὐχ ἥκιστα δεῖ φυλάττειν τὸν νόθον τε καὶ τὸν γνήσιον. ὅταν γάρ τις μὴ ἐπίστηται πάντῃ τὰ τοιαῦτα σκοπεῖν καὶ ἰδιώτης καὶ πόλις, λανθάνουσι χωλοῖς τε καὶ νόθοις χρώμενοι πρὸς ὅτι ἂν τύχωσι τούτων, οἱ μὲν φίλοις, οἱ δὲ ἄρχουσι.

καὶ μάλα, ἔφη, οὕτως ἔχει.

ἡμῖν δή, ἦν δ᾽ ἐγώ, πάντα τὰ τοιαῦτα διευλαβητέον: [536b] ὡς ἐὰν μὲν ἀρτιμελεῖς τε καὶ ἀρτίφρονας ἐπὶ τοσαύτην μάθησιν καὶ τοσαύτην ἄσκησιν κομίσαντες παιδεύωμεν, ἥ τε δίκη ἡμῖν οὐ μέμψεται αὐτή, τήν τε πόλιν καὶ πολιτείαν σώσομεν, ἀλλοίους δὲ ἄγοντες ἐπὶ ταῦτα τἀναντία πάντα καὶ πράξομεν καὶ φιλοσοφίας ἔτι πλείω γέλωτα καταντλήσομεν.

αἰσχρὸν μεντἂν εἴη, ἦ δ᾽ ὅς.

πάνυ μὲν οὖν, εἶπον: γελοῖον δ᾽ ἔγωγε καὶ ἐν τῷ παρόντι <τι> ἔοικα παθεῖν.

τὸ ποῖον; ἔφη. [536c]

ἐπελαθόμην, ἦν δ᾽ ἐγώ, ὅτι ἐπαίζομεν, καὶ μᾶλλον ἐντεινάμενος εἶπον. λέγων γὰρ ἅμα ἔβλεψα πρὸς φιλοσοφίαν, καὶ ἰδὼν προπεπηλακισμένην ἀναξίως ἀγανακτήσας μοι δοκῶ καὶ ὥσπερ θυμωθεὶς τοῖς αἰτίοις σπουδαιότερον εἰπεῖν ἃ εἶπον.

οὐ μὰ τὸν Δί᾽, ἔφη, οὔκουν ὥς γ᾽ ἐμοὶ ἀκροατῇ.

ἀλλ᾽ ὡς ἐμοί, ἦν δ᾽ ἐγώ, ῥήτορι. τόδε δὲ μὴ ἐπιλανθανώμεθα, ὅτι ἐν μὲν τῇ προτέρᾳ ἐκλογῇ πρεσβύτας ἐξελέγομεν, [536d] ἐν δὲ ταύτῃ οὐκ ἐγχωρήσει: Σόλωνι γὰρ οὐ πειστέον ὡς γηράσκων τις πολλὰ δυνατὸς μανθάνειν, ἀλλ᾽ ἧττον ἢ τρέχειν, νέων δὲ πάντες οἱ μεγάλοι καὶ οἱ πολλοὶ πόνοι.

ἀνάγκη, ἔφη.

τὰ μὲν τοίνυν λογισμῶν τε καὶ γεωμετριῶν καὶ πάσης τῆς προπαιδείας, ἣν τῆς διαλεκτικῆς δεῖ προπαιδευθῆναι, παισὶν οὖσι χρὴ προβάλλειν, οὐχ ὡς ἐπάναγκες μαθεῖν τὸ σχῆμα τῆς διδαχῆς ποιουμένους.

τί δή; [536e]

ὅτι, ἦν δ᾽ ἐγώ, οὐδὲν μάθημα μετὰ δουλείας τὸν ἐλεύθερον χρὴ μανθάνειν. οἱ μὲν γὰρ τοῦ σώματος πόνοι βίᾳ πονούμενοι χεῖρον οὐδὲν τὸ σῶμα ἀπεργάζονται, ψυχῇ δὲ βίαιον οὐδὲν ἔμμονον μάθημα.

ἀληθῆ, ἔφη.

μὴ τοίνυν βίᾳ, εἶπον, ὦ ἄριστε, τοὺς παῖδας ἐν τοῖς [537a] μαθήμασιν ἀλλὰ παίζοντας τρέφε, ἵνα καὶ μᾶλλον οἷός τ᾽ ᾖς καθορᾶν ἐφ᾽ ὃ ἕκαστος πέφυκεν.

ἔχει ὃ λέγεις, ἔφη, λόγον.

οὐκοῦν μνημονεύεις, ἦν δ᾽ ἐγώ, ὅτι καὶ εἰς τὸν πόλεμον ἔφαμεν τοὺς παῖδας εἶναι ἀκτέον ἐπὶ τῶν ἵππων θεωρούς, καὶ ἐάν που ἀσφαλὲς ᾖ, προσακτέον ἐγγὺς καὶ γευστέον αἵματος, ὥσπερ τοὺς σκύλακας;

μέμνημαι, ἔφη.

ἐν πᾶσι δὴ τούτοις, ἦν δ᾽ ἐγώ, τοῖς τε πόνοις καὶ μαθήμασι καὶ φόβοις ὃς ἂν ἐντρεχέστατος ἀεὶ φαίνηται, εἰς ἀριθμόν τινα ἐγκριτέον. [537b]

ἐν τίνι, ἔφη, ἡλικίᾳ;

ἡνίκα, ἦν δ᾽ ἐγώ, τῶν ἀναγκαίων γυμνασίων μεθίενται: οὗτος γὰρ ὁ χρόνος, ἐάντε δύο ἐάντε τρία ἔτη γίγνηται, ἀδύνατός τι ἄλλο πρᾶξαι: κόποι γὰρ καὶ ὕπνοι μαθήμασι πολέμιοι. καὶ ἅμα μία καὶ αὕτη τῶν βασάνων οὐκ ἐλαχίστη, τίς ἕκαστος ἐν τοῖς γυμνασίοις φανεῖται.

πῶς γὰρ οὔκ; ἔφη.

μετὰ δὴ τοῦτον τὸν χρόνον, ἦν δ᾽ ἐγώ, ἐκ τῶν εἰκοσιετῶν οἱ προκριθέντες τιμάς τε μείζους τῶν ἄλλων οἴσονται, [537c] τά τε χύδην μαθήματα παισὶν ἐν τῇ παιδείᾳ γενόμενα τούτοις συνακτέον εἰς σύνοψιν οἰκειότητός τε ἀλλήλων τῶν μαθημάτων καὶ τῆς τοῦ ὄντος φύσεως.

μόνη γοῦν, εἶπεν, ἡ τοιαύτη μάθησις βέβαιος, ἐν οἷς ἂν ἐγγένηται.

καὶ μεγίστη γε, ἦν δ᾽ ἐγώ, πεῖρα διαλεκτικῆς φύσεως καὶ μή: ὁ μὲν γὰρ συνοπτικὸς διαλεκτικός, ὁ δὲ μὴ οὔ.

συνοίομαι, ἦ δ᾽ ὅς.

ταῦτα τοίνυν, ἦν δ᾽ ἐγώ, δεήσει σε ἐπισκοποῦντα οἳ ἂν [537d] μάλιστα τοιοῦτοι ἐν αὐτοῖς ὦσι καὶ μόνιμοι μὲν ἐν μαθήμασι, μόνιμοι δ᾽ ἐν πολέμῳ καὶ τοῖς ἄλλοις νομίμοις, τούτους αὖ, ἐπειδὰν τὰ τριάκοντα ἔτη ἐκβαίνωσιν, ἐκ τῶν προκρίτων προκρινάμενον εἰς μείζους τε τιμὰς καθιστάναι καὶ σκοπεῖν, τῇ τοῦ διαλέγεσθαι δυνάμει βασανίζοντα τίς ὀμμάτων καὶ τῆς ἄλλης αἰσθήσεως δυνατὸς μεθιέμενος ἐπ᾽ αὐτὸ τὸ ὂν μετ᾽ ἀληθείας ἰέναι. καὶ ἐνταῦθα δὴ πολλῆς φυλακῆς ἔργον, ὦ ἑταῖρε.

τί μάλιστα; ἦ δ᾽ ὅς. [537e]

οὐκ ἐννοεῖς, ἦν δ᾽ ἐγώ, τὸ νῦν περὶ τὸ διαλέγεσθαι κακὸν γιγνόμενον ὅσον γίγνεται;

τὸ ποῖον; ἔφη.

παρανομίας που, ἔφην ἐγώ, ἐμπίμπλανται.

καὶ μάλα, ἔφη.

θαυμαστὸν οὖν τι οἴει, εἶπον, πάσχειν αὐτούς, καὶ οὐ συγγιγνώσκεις;

πῇ μάλιστα; ἔφη.

οἷον, ἦν δ᾽ ἐγώ, εἴ τις ὑποβολιμαῖος τραφείη ἐν πολλοῖς [538a] μὲν χρήμασι, πολλῷ δὲ καὶ μεγάλῳ γένει καὶ κόλαξι πολλοῖς, ἀνὴρ δὲ γενόμενος αἴσθοιτο ὅτι οὐ τούτων ἐστὶ τῶν φασκόντων γονέων, τοὺς δὲ τῷ ὄντι γεννήσαντας μὴ εὕροι, τοῦτον ἔχεις μαντεύσασθαι πῶς ἂν διατεθείη πρός τε τοὺς κόλακας καὶ πρὸς τοὺς ὑποβαλομένους ἐν ἐκείνῳ τε τῷ χρόνῳ ᾧ οὐκ ᾔδει τὰ περὶ τῆς ὑποβολῆς, καὶ ἐν ᾧ αὖ ᾔδει; ἢ βούλει ἐμοῦ μαντευομένου ἀκοῦσαι;

βούλομαι, ἔφη.

μαντεύομαι τοίνυν, εἶπον, μᾶλλον αὐτὸν τιμᾶν ἂν τὸν [538b] πατέρα καὶ τὴν μητέρα καὶ τοὺς ἄλλους οἰκείους δοκοῦντας ἢ τοὺς κολακεύοντας, καὶ ἧττον μὲν ἂν περιιδεῖν ἐνδεεῖς τινος, ἧττον δὲ παράνομόν τι δρᾶσαι ἢ εἰπεῖν εἰς αὐτούς, ἧττον δὲ ἀπειθεῖν τὰ μεγάλα ἐκείνοις ἢ τοῖς κόλαξιν, ἐν ᾧ χρόνῳ τὸ ἀληθὲς μὴ εἰδείη.

εἰκός, ἔφη.

αἰσθόμενον τοίνυν τὸ ὂν μαντεύομαι αὖ περὶ μὲν τούτους ἀνεῖναι ἂν τὸ τιμᾶν τε καὶ σπουδάζειν, περὶ δὲ τοὺς κόλακας ἐπιτεῖναι, καὶ πείθεσθαί τε αὐτοῖς διαφερόντως ἢ πρότερον [538c] καὶ ζῆν ἂν ἤδη κατ' ἐκείνους, συνόντα αὐτοῖς ἀπαρακαλύπτως, πατρὸς δὲ ἐκείνου καὶ τῶν ἄλλων ποιουμένων οἰκείων, εἰ μὴ πάνυ εἴη φύσει ἐπιεικής, μέλειν τὸ μηδέν.

πάντ', ἔφη, λέγεις οἷά περ ἂν γένοιτο. ἀλλὰ πῇ πρὸς τοὺς ἁπτομένους τῶν λόγων αὕτη φέρει ἡ εἰκών;

τῇδε. ἔστι που ἡμῖν δόγματα ἐκ παίδων περὶ δικαίων καὶ καλῶν, ἐν οἷς ἐκτεθράμμεθα ὥσπερ ὑπὸ γονεῦσι, πειθαρχοῦντές τε καὶ τιμῶντες αὐτά.

ἔστι γάρ. [538d]

οὐκοῦν καὶ ἄλλα ἐναντία τούτων ἐπιτηδεύματα ἡδονὰς ἔχοντα, ἃ κολακεύει μὲν ἡμῶν τὴν ψυχὴν καὶ ἕλκει ἐφ' αὑτά, πείθει δ' οὒ τοὺς καὶ ὁπῃοῦν μετρίους: ἀλλ' ἐκεῖνα τιμῶσι τὰ πάτρια καὶ ἐκείνοις πειθαρχοῦσιν.

ἔστι ταῦτα.

τί οὖν; ἦν δ' ἐγώ: ὅταν τὸν οὕτως ἔχοντα ἐλθὸν ἐρώτημα ἔρηται: τί ἐστι τὸ καλόν, καὶ ἀποκριναμένου ὃ τοῦ νομοθέτου ἤκουεν ἐξελέγχῃ ὁ λόγος, καὶ πολλάκις καὶ πολλαχῇ ἐλέγχων εἰς δόξαν καταβάλῃ ὡς τοῦτο οὐδὲν μᾶλλον [538e] καλὸν ἢ αἰσχρόν, καὶ περὶ δικαίου ὡσαύτως καὶ ἀγαθοῦ καὶ ἃ μάλιστα ἦγεν ἐν τιμῇ, μετὰ τοῦτο τί οἴει ποιήσειν αὐτὸν πρὸς αὐτὰ τιμῆς τε πέρι καὶ πειθαρχίας;

ἀνάγκη, ἔφη, μήτε τιμᾶν ἔτι ὁμοίως μήτε πείθεσθαι.

ὅταν οὖν, ἦν δ' ἐγώ, μήτε ταῦτα ἡγῆται τίμια καὶ οἰκεῖα ὥσπερ πρὸ τοῦ, τά τε ἀληθῆ μὴ εὑρίσκῃ, ἔστι πρὸς ὁποῖον [539a] βίον ἄλλον ἢ τὸν κολακεύοντα εἰκότως προσχωρήσεται;

οὐκ ἔστιν, ἔφη.

παράνομος δὴ οἶμαι δόξει γεγονέναι ἐκ νομίμου.

ἀνάγκη.

οὐκοῦν, ἔφην, εἰκὸς τὸ πάθος τῶν οὕτω λόγων ἁπτομένων καί, ὃ ἄρτι ἔλεγον, πολλῆς συγγνώμης ἄξιον;

καὶ ἐλέου γ', ἔφη.

οὐκοῦν ἵνα μὴ γίγνηται ὁ ἔλεος οὗτος περὶ τοὺς τριακοντούτας σοι, εὐλαβουμένῳ παντὶ τρόπῳ τῶν λόγων ἁπτέον;

καὶ μάλ', ἦ δ' ὅς. [539b]

ἆρ' οὖν οὐ μία μὲν εὐλάβεια αὕτη συχνή, τὸ μὴ νέους ὄντας αὐτῶν γεύεσθαι; οἶμαι γάρ σε οὐ λεληθέναι ὅτι οἱ μειρακίσκοι, ὅταν τὸ πρῶτον λόγων γεύωνται, ὡς παιδιᾷ αὐτοῖς καταχρῶνται, ἀεὶ εἰς ἀντιλογίαν χρώμενοι, καὶ μιμούμενοι τοὺς ἐξελέγχοντας αὐτοὶ ἄλλους ἐλέγχουσι, χαίροντες ὥσπερ σκυλάκια τῷ ἕλκειν τε καὶ σπαράττειν τῷ λόγῳ τοὺς πλησίον ἀεί.

ὑπερφυῶς μὲν οὖν, ἔφη.

οὐκοῦν ὅταν δὴ πολλοὺς μὲν αὐτοὶ ἐλέγξωσιν, ὑπὸ πολλῶν [539c] δὲ ἐλεγχθῶσι, σφόδρα καὶ ταχὺ ἐμπίπτουσιν εἰς τὸ μηδὲν ἡγεῖσθαι ὧνπερ πρότερον: καὶ ἐκ τούτων δὴ αὐτοί τε καὶ τὸ ὅλον φιλοσοφίας πέρι εἰς τοὺς ἄλλους διαβέβληνται.

ἀληθέστατα, ἔφη.

ὁ δὲ δὴ πρεσβύτερος, ἦν δ᾽ ἐγώ, τῆς μὲν τοιαύτης μανίας οὐκ ἂν ἐθέλοι μετέχειν, τὸν δὲ διαλέγεσθαι ἐθέλοντα καὶ σκοπεῖν τἀληθὲς μᾶλλον μιμήσεται ἢ τὸν παιδιᾶς χάριν παίζοντα καὶ ἀντιλέγοντα, καὶ αὐτός τε μετριώτερος ἔσται [539d] καὶ τὸ ἐπιτήδευμα τιμιώτερον ἀντὶ ἀτιμοτέρου ποιήσει.

ὀρθῶς, ἔφη.

οὐκοῦν καὶ τὰ προειρημένα τούτου ἐπ᾽ εὐλαβείᾳ πάντα προείρηται, τὸ τὰς φύσεις κοσμίους εἶναι καὶ στασίμους οἷς τις μεταδώσει τῶν λόγων, καὶ μὴ ὡς νῦν ὁ τυχὼν καὶ οὐδὲν προσήκων ἔρχεται ἐπ᾽ αὐτό;

πάνυ μὲν οὖν, ἔφη.

ἀρκεῖ δὴ ἐπὶ λόγων μεταλήψει μεῖναι ἐνδελεχῶς καὶ συντόνως μηδὲν ἄλλο πράττοντι, ἀλλ᾽ ἀντιστρόφως γυμναζομένῳ τοῖς περὶ τὸ σῶμα γυμνασίοις, ἔτη διπλάσια ἢ τότε; [539e]

ἕξ, ἔφη, ἢ τέτταρα λέγεις;

ἀμέλει, εἶπον, πέντε θές. μετὰ γὰρ τοῦτο καταβιβαστέοι ἔσονταί σοι εἰς τὸ σπήλαιον πάλιν ἐκεῖνο, καὶ ἀναγκαστέοι ἄρχειν τά τε περὶ τὸν πόλεμον καὶ ὅσαι νέων ἀρχαί, ἵνα μηδ᾽ ἐμπειρίᾳ ὑστερῶσι τῶν ἄλλων: καὶ ἔτι καὶ ἐν τούτοις [540a] βασανιστέοι εἰ ἐμμενοῦσιν ἑλκόμενοι πανταχόσε ἤ τι καὶ παρακινήσουσι.

χρόνον δέ, ἧ δ᾽ ὅς, πόσον τοῦτον τιθεῖς;

πεντεκαίδεκα ἔτη, ἦν δ᾽ ἐγώ. γενομένων δὲ πεντηκοντουτῶν τοὺς διασωθέντας καὶ ἀριστεύσαντας πάντα πάντῃ ἐν ἔργοις τε καὶ ἐπιστήμαις πρὸς τέλος ἤδη ἀκτέον, καὶ ἀναγκαστέον ἀνακλίναντας τὴν τῆς ψυχῆς αὐγὴν εἰς αὐτὸ ἀποβλέψαι τὸ πᾶσι φῶς παρέχον, καὶ ἰδόντας τὸ ἀγαθὸν αὐτό, παραδείγματι χρωμένους ἐκείνῳ, καὶ πόλιν καὶ ἰδιώτας [540b] καὶ ἑαυτοὺς κοσμεῖν τὸν ἐπίλοιπον βίον ἐν μέρει ἑκάστους, τὸ μὲν πολὺ πρὸς φιλοσοφίᾳ διατρίβοντας, ὅταν δὲ τὸ μέρος ἥκῃ, πρὸς πολιτικοῖς ἐπιταλαιπωροῦντας καὶ ἄρχοντας ἑκάστους τῆς πόλεως ἕνεκα, οὐχ ὡς καλόν τι ἀλλ᾽ ὡς ἀναγκαῖον πράττοντας, καὶ οὕτως ἄλλους ἀεὶ παιδεύσαντας τοιούτους, ἀντικαταλιπόντας τῆς πόλεως φύλακας, εἰς μακάρων νήσους ἀπιόντας οἰκεῖν: μνημεῖα δ᾽ αὐτοῖς καὶ θυσίας [540c] τὴν πόλιν δημοσίᾳ ποιεῖν, ἐὰν καὶ ἡ Πυθία συναναιρῇ, ὡς δαίμοσιν, εἰ δὲ μή, ὡς εὐδαίμοσί τε καὶ θείοις.

παγκάλους, ἔφη, τοὺς ἄρχοντας, ὦ Σώκρατες, ὥσπερ ἀνδριαντοποιὸς ἀπείργασαι.

καὶ τὰς ἀρχούσας γε, ἦν δ᾽ ἐγώ, ὦ Γλαύκων: μηδὲν γάρ τι οἴου με περὶ ἀνδρῶν εἰρηκέναι μᾶλλον ἃ εἴρηκα ἢ περὶ γυναικῶν, ὅσαι ἂν αὐτῶν ἱκαναὶ τὰς φύσεις ἐγγίγνωνται.

ὀρθῶς, ἔφη, εἴπερ ἴσα γε πάντα τοῖς ἀνδράσι κοινωνήσουσιν, ὡς διήλθομεν. [540d]

τί οὖν; ἔφην: συγχωρεῖτε περὶ τῆς πόλεώς τε καὶ πολιτείας μὴ παντάπασιν ἡμᾶς εὐχὰς εἰρηκέναι, ἀλλὰ χαλεπὰ μέν, δυνατὰ δέ πῃ, καὶ οὐκ ἄλλῃ ἢ εἴρηται, ὅταν οἱ ὡς ἀληθῶς φιλόσοφοι δυνάσται, ἢ πλείους ἢ εἷς, ἐν πόλει γενόμενοι τῶν μὲν νῦν τιμῶν καταφρονήσωσιν, ἡγησάμενοι ἀνελευθέρους εἶναι καὶ οὐδενὸς ἀξίας, τὸ δὲ ὀρθὸν περὶ [540e] πλείστου ποιησάμενοι καὶ τὰς ἀπὸ τούτου τιμάς, μέγιστον δὲ καὶ ἀναγκαιότατον τὸ δίκαιον, καὶ τούτῳ δὴ ὑπηρετοῦντές τε καὶ αὔξοντες αὐτὸ διασκευωρήσωνται τὴν ἑαυτῶν πόλιν;

πῶς; ἔφη.

ὅσοι μὲν ἄν, ἦν δ᾽ ἐγώ, πρεσβύτεροι τυγχάνωσι δεκετῶν [541a] ἐν τῇ πόλει, πάντας ἐκπέμψωσιν εἰς τοὺς ἀγρούς, τοὺς δὲ παῖδας αὐτῶν παραλαβόντες ἐκτὸς τῶν νῦν ἠθῶν, ἃ καὶ οἱ γονῆς ἔχουσι, θρέψωνται ἐν τοῖς σφετέροις τρόποισι καὶ νόμοις, οὖσιν οἵοις διεληλύθαμεν τότε: καὶ οὕτω τάχιστά τε καὶ ῥᾷστα πόλιν τε καὶ πολιτείαν, ἣν ἐλέγομεν, καταστᾶσαν αὐτήν τε εὐδαιμονήσειν καὶ τὸ ἔθνος ἐν ᾧ ἂν ἐγγένηται πλεῖστα ὀνήσειν;

πολύ γ᾽, ἔφη: καὶ ὡς ἂν γένοιτο, εἴπερ ποτὲ γίγνοιτο, [541b] δοκεῖς μοι, ὦ Σώκρατες, εὖ εἰρηκέναι.

οὐκοῦν ἅδην ἤδη, εἶπον ἐγώ, ἔχουσιν ἡμῖν οἱ λόγοι περί τε τῆς πόλεως ταύτης καὶ τοῦ ὁμοίου ταύτῃ ἀνδρός; δῆλος γάρ που καὶ οὗτος οἷον φήσομεν δεῖν αὐτὸν εἶναι.

δῆλος, ἔφη: καὶ ὅπερ ἐρωτᾷς, δοκεῖ μοι τέλος ἔχειν.

LEIA TAMBÉM

Veríssimo

ESTA OBRA FOI IMPRESSA
EM NOVEMBRO DE 2025